Les Ateliers Hachette présentent :

CE2
Cycle 3

Français

Des outils pour lire et pour écrire

Programmes 2002

Renée Léon
Professeur d'IUFM

Grammaire • Conjugaison
Orthographe • Vocabulaire
Grammaire de texte • Projets d'écriture • Expression orale

HACHETTE Éducation

Avant-propos

Ce manuel suit les recommandations des **Programmes 2002** concernant les outils de la langue. Il ne perd jamais de vue les finalités essentielles de l'enseignement du français : apprendre à **mieux dire, mieux lire et mieux écrire**.

Son organisation et sa démarche reposent sur les principes suivants :

- s'appuyer sur l'**oral** pour réfléchir sur la langue et déboucher sur la **production d'écrits**,
- assurer une véritable **transdisciplinarité** en prenant comme supports des exercices et des activités des textes et des documents venus **de toutes les disciplines** : littérature, histoire, géographie, sciences...
- proposer des situations d'apprentissage qui font appel à la **recherche** et à l'**échange**, notamment au sein des ***Petits Ateliers***.

Face à un enseignement de la langue qui a parfois du mal à éviter le formalisme, nous voulons offrir aux élèves un manuel vivant, accessible et même ludique, mais toujours exigeant.

Nous leur proposons une grammaire ouverte et active, une grammaire qui stimule leur curiosité et leur réflexion, en bref, une grammaire qui, enfin, prend sens à leurs yeux.

Renée Léon

Édition : Thierry Amouzou
avec la collaboration de Bénédicte Gaillard
Iconographie : Anne Pekny
Fabrication : Isabelle Simon-Bourg
Illustrations : Marguerite Sauvage, Alain Huré, Pascale Mugnier, Sylvie Eder, Ghyslaine Vaysset, Dankerleroux, Marianne Maury-Kaufmann, Gilles Poing
Couverture : Laurent Carré, Alain Boyer
Maquette intérieure : Parbleu !
Réalisation : Michaël Funck
Relecture : Chantal Maury

www.hachette-education.com
ISBN : 2.01.11.6384.6

L'organisation du livre

- Le livre aborde toutes les notions au programme, en relation étroite avec les activités de **lecture** et d'**écriture**.

Cette **Observation réfléchie de la langue française** est conduite au travers de **5 chapitres.**
- **Grammaire**
- **Conjugaison**
- **Orthographe**
- **Vocabulaire**
- **Grammaire de texte**

- Ce livre propose également la mise en œuvre cadrée de **10 Projets d'écriture interdisciplinaires** : français / éducation civique, français / histoire, français / géographie, français / sciences pour **utiliser en contexte les outils de la langue.**

- Une **Boîte à outils** complète l'ouvrage.

La structure des leçons

Observation réfléchie de la langue française

Toutes les **leçons** de grammaire, de conjugaison, d'orthographe, de vocabulaire et de grammaire de texte se déroulent en **4 temps** :

– J'OBSERVE

– JE M'ENTRAÎNE

– JE LIS

– J'ÉCRIS

Projets d'écriture

Dans les **projets d'écriture**, la démarche suit la même logique, mais en **3 temps** :

– J'OBSERVE

– JE PRÉPARE MES OUTILS

– J'ÉCRIS (et Je réécris...)

Le mode d'emploi

Cet ouvrage a été conçu pour une utilisation simple et souple, qui s'adaptera facilement à la pratique quotidienne de chacun.
L'enseignant peut ainsi choisir d'aborder les leçons de **Grammaire**, de **Conjugaison**, d'**Orthographe**, de **Vocabulaire** et de **Grammaire de texte** pour elles-mêmes, en suivant la progression proposée dans chaque chapitre.
Il peut tout aussi bien décider d'organiser son année en s'appuyant sur les **Projets d'écriture** et y rattacher, à chaque fois, les leçons nécessaires à leur mise en œuvre. Le tableau de la page 5 l'y aidera.
Il établit les **principales correspondances** entre les projets d'écriture et **les leçons** du livre.

SOMMAIRE

Observation réfléchie de la langue française

Grammaire

Conjugaison

Orthographe

Vocabulaire

Grammaire de texte

Projets d'écriture

Des projets d'écriture **interdisciplinaires**

Boîte à outils

QUELLES LEÇONS POUR QUELS PROJETS ?

Projets d'écriture	Leçons				
	Grammaire	Conjugaison	Orthographe	Vocabulaire	Grammaire de texte
1. Règles de vie	1	9	19		
2. Débat	1 2 3	9			
3. Interview	2	9			
4. Carte ou message	1 4 6	8 9 10 11 12	19 20	25	29 30 31
5. Consignes	2	13		23 26	
6. Compte rendu d'expérience	1 5	8 9	19	23 26	29 30 31
7. Paysage	1 4 5 6	8 9	19 20	25	29 30
8. Personnage historique	1 4 5 6	8 9 10 11	19 20	25	29 30 31
9. Dialogue de théâtre	1 2 3	8 9 10 11 12 13	19 20	25	29
10. Conte	1 4 5 6	8 10 11	19 20	25	29 30 31

Que vas-tu trouver dans ce livre ?
Comment vas-tu l'utiliser ?

Ce livre va t'aider à faire de la grammaire, de la conjugaison, de l'orthographe, du vocabulaire.
Il va aussi t'aider à mieux lire et mieux écrire des textes.

J'observe

Tu réfléchis sur des documents, tu compares, tu tries, tu classes…

Je retiens

Tu fais le point sur ce qui est le plus important.

Je m'entraîne

Tu t'exerces à l'oral ou à l'écrit, seul ou avec un(e) camarade.

Le petit atelier

Le plus souvent par 2 ou par 3, tu fais une recherche ou tu participes à un jeu.

Je lis

Tu te sers de ce que tu as appris pour lire des textes d'histoire, de géographie, de sciences…

JE ME CREUSE LA TÊTE

Tu réfléchis sur quelque chose d'étonnant dans notre langue, tu essaies de trouver la solution à une ou deux petites énigmes. Vérifie tes réponses en fin de chapitre.

J'écris

Tu utilises ce que tu as appris pour écrire des textes d'histoire, de géographie, de sciences…

- À la fin de chaque chapitre, des **BILANS** t'aident à faire le point sur ce que **tu sais** et sur ce que **tu sais faire**.
- À la fin du livre, dans la **BOÎTE À OUTILS**, tu trouveras des **fiches** d'orthographe et des **tableaux** de conjugaison pour t'aider à faire moins d'erreurs dans les textes que tu vas écrire.

Grammaire

1 Je construis des phrases

2 Je construis des phrases interrogatives

3 Je construis des phrases exclamatives

4 J'emploie des compléments circonstanciels

5 J'emploie les déterminants

6 J'emploie les adjectifs qualificatifs

Je construis des phrases

J'observe

Il y a environ 30 000 espèces d'araignées dans le monde. Tu as peur d'elles ? Pourtant, la plupart ne font pas mal. Elles sont utiles car elles mangent beaucoup d'insectes.

Alexandra Parsons, *Qui suis-je ? Une araignée*, Gallimard Jeunesse, 1990.

1 **Avec ton voisin ou ta voisine, compte les phrases du texte. Explique comment vous avez fait.**

2 **Réponds par vrai ou faux.**

a. Une phrase est toujours terminée par un point.
b. Une phrase commence toujours par une majuscule.
c. Une phrase correspond à une ligne.
d. Une phrase est faite de mots.
e. Une phrase donne une information, exprime une idée...
f. Il ne peut pas y avoir plusieurs verbes dans une phrase.

3 **Repère les suites de mots qui, à ton avis, sont des phrases. Explique ta réponse. Corrige ensuite le texte à l'oral.**

Araignée arachnide. Elle
avoir huit yeux en tout.
Elle rentre dans les maisons
pour passer l'hiver au chaud.
On en trouve partout !
Sous leurs pattes des ventouses
elles ont pour dans toutes
les positions pouvoir marcher.

Je retiens

- Une **phrase** est un ensemble de mots qui veut dire quelque chose.
- Elle contient généralement un **verbe conjugué** (ou plusieurs).
- Quand on écrit une phrase, on commence par une **majuscule** et on termine par un **point**.
  Ex : Les araignées **passent** l'hiver à l'intérieur des maisons.

Je m'entraîne

4 **Cherche une phrase possible avec chaque série de mots. Écris-la, puis dis-la à haute voix.**

a. Afrique, hirondelle, automne, partir
b. neige, flocons, tomber, Noël
c. déguisement, Carnaval, préparer, défilé
d. éclater, bourgeon, printemps, arbre

5 **Trouve ce qui ne va pas dans les phrases suivantes.**

a. L'igloo construit l'Esquimau pour la nuit.
b. quel temps fera-t-il demain
c. Quand le feu passe au vert. Les voitures démarrent.
d. Cette superbe photo montre.

6 **ORAL**

Dans ce livre, cherche une phrase très courte, puis une phrase très longue. Lis-les à haute voix.

7 **Dans un livre ou dans un journal, cherche un titre qui soit une phrase complète. Écris-le.**

Le petit atelier

Les phrases relais

Par groupes de trois

Un premier élève trouve un sujet.

Un deuxième élève enchaîne avec le verbe.

Un troisième élève termine la phrase.

La phrase boule de neige

En grand groupe

On choisit une phrase courte.

Un premier élève trouve un mot (ou un groupe de mots) pour l'enrichir, un deuxième élève ajoute encore quelque chose et ainsi de suite.

Ex. : Un crocodile s'approche.
Un grand crocodile s'approche.
Un grand crocodile s'approche lentement.

Exemples de phrases courtes :

L'avion vient d'atterrir.

La chanteuse arrive.

Les spectateurs applaudissent.

Je lis

8 LITTÉRATURE

Les phrases de ce texte sont bizarres. Pourquoi ?
Avec un(e) camarade, prépares-en la lecture à haute voix.

Monsieur et Madame Robert reçoivent des amis

– Chérie, si tu servais l'alpaga à nos invités avec des ampoules farcies et des tranches de mobylette ?

Mme Robert écarquille les yeux.

– Pardon ?

– Je te demande si tu veux nous servir l'alpaga avec des ampoules farcies et des tranches de mobylette, qu'y a-t-il d'étonnant à ça ?

– Tu peux répéter ?

M. Robert commence à devenir tout rouge.

– Mais enfin, Arlette, sers-nous l'alpaga, des ampoules et de la mobylette !

– Et pourquoi pas du cerf-volant avec une bonne couche de serpentin ?

Pascal Garnier, *Dico Dingo*, Nathan, 1999.

9 ARTS PLASTIQUES

Repère la phrase impossible.

a. Léonard de Vinci a peint le tableau de La Joconde en 1503.

b. Le tableau de La Joconde a été peint par Léonard de Vinci en 1503.

c. La Joconde a peint le tableau de Léonard de Vinci en 1503.

d. En 1503 Léonard de Vinci a peint le tableau de La Joconde.

10 GÉOGRAPHIE

Combien y a-t-il de phrases dans ce texte ? Où mettrais-tu des points ? Des virgules ?
Mets la ponctuation, puis lis le texte à haute voix.

Les neiges éternelles sont situées dans les montagnes où il fait toujours froid même en été la neige tombée ne fond pas elle s'accumule se tasse et se transforme en glace c'est ainsi que naissent les glaciers ce sont des fleuves gelés ils glissent très lentement.

D'après *Le temps qu'il fait,* « Ma première encyclopédie », Larousse, 1997.

J'écris

11 **Essaie de trouver des idées originales pour compléter les phrases suivantes.**

Ex. : Il y a tellement de vent que l'école s'est envolée.

a. Il y a tellement de ...... que ......
b. Dès que ......, alors ......
c. Je ne savais pas que ......
d. Si ......, alors ......

12 **Pour chaque phrase, cherche une autre manière d'exprimer la même idée.**

a. La Gaule a été conquise par Jules César au milieu du premier siècle avant J.-C.
b. Le miel de ta tartine est fabriqué par les abeilles.
c. Le plastique est fait à partir du pétrole.

13 **Voici des phrases. Invente celle qui pourrait être avant et celle qui pourrait être après chacune d'elles.**

a. J'y vais toutes les semaines.
b. J'en fais tous les mercredis.
c. Je la verrai demain.

14 **SCIENCES**

Retrouve la phrase qui manque.

De l'océan viennent les nuages. Des nuages vient la pluie. ...... Et des rivières naît l'océan. Ainsi va le cycle de l'eau. Ainsi va le cycle du monde.

15 **HISTOIRE**

Rédige quelques phrases pour légender ce dessin.

JE ME CREUSE LA TÊTE

16 **Connais-tu ces proverbes ?**

a. Rien ne sert de courir, il faut partir à point.

b. Les paroles volent, les écrits restent.

c. À bon chat, bon rat !

Cherches-en d'autres.

2 Je construis des phrases interrogatives

J'observe

Es-tu autonome ?

TEST

1. Est-ce que tu prépares tout seul ton sac d'école ?	❑ Oui	❑ Non
2. Est-ce que tu te fais facilement des copains ou des copines ?	❑ Oui	❑ Non
3. Aimes-tu (ou aimerais-tu) partir en colonie de vacances ?	❑ Oui	❑ Non
4. Te sens-tu capable de garder un enfant plus jeune que toi ?	❑ Oui	❑ Non
5. Le matin, est-ce que tu prépares tout seul ton bol de céréales ?	❑ Oui	❑ Non
6. As-tu besoin d'aide pour faire tes devoirs ?	❑ Oui	❑ Non
7. Aimes-tu répondre au téléphone ?	❑ Oui	❑ Non

Combien de ***oui*** comptes-tu ?

Va découvrir le résultat du test p. 32

1 **Tu viens de répondre à un test. Quel est le point commun de toutes les phrases d'un test ?**

2 **Les phrases du test sont des phrases interrogatives.**
Explique avec tes mots ce qu'est une phrase interrogative.

3 **Lis ces trois phrases. Quelle est la plus facile à dire ou à écrire ? Pourquoi ?**

a. Tu aides tes parents à la maison ?
b. Aides-tu tes parents à la maison ?
c. Est-ce que tu aides tes parents à la maison ?

Je retiens

- Pour **poser des questions**, on fait des **phrases interrogatives**.
- Pour faire une phrase interrogative, on peut :
  - garder l'ordre des mots en jouant sur **l'intonation** à l'oral ;
    Ex. : Tu aimes partir en colonie de vacances ?
  - utiliser **est-ce que** ; **Ex.** : **Est-ce que** tu aimes partir en colonie de vacances ?
  - mettre **le sujet après** le verbe ; **Ex.** : Aimes-**tu** partir en colonie de vacances ?
  - utiliser un **mot interrogatif**. **Ex.** : **Pourquoi** aimes-tu partir en colonie de vacances ?
- À l'écrit, il faut toujours mettre un **point d'interrogation** (**?**) à la fin de la phrase.

Je m'entraîne

4 **ORAL**

Quelles questions peux-tu poser avec les mots suivants ?

a. dinosaure, disparaître
b. feu, homme, inventer, premier
c. tour du monde, faire, premier, Magellan
d. grenouille, devenir, têtard

5 **On parle d'une maison hantée pas loin de chez toi. Imagine que tu es journaliste et que tu as décidé d'enquêter.**

Cherche trois questions que tu pourrais poser aux habitants de la maison ou à leurs voisins. Écris-les.

6 **Pose chaque question d'une autre manière.**

a. Tu préfères les maths ou le français ?
b. Tu aimes te lever tôt ?
c. Vous voulez pique-niquer dans la forêt ?
d. À ton avis, il fera beau demain ?

Le petit atelier

Ni oui, ni non !

Par deux, avec le grand groupe

Un élève pose des questions à un autre qui ne doit jamais répondre par *oui* ou par *non*. S'il dit *oui* ou *non*, il a perdu et il est remplacé.

L'interview

Par deux, avec le grand groupe

Un élève choisit d'être le personnage de son choix (sportif, chanteur...).
Un autre élève joue le rôle du journaliste.
L'interview doit durer au moins 2 minutes.

Je lis

7 **Lis les phrases suivantes.**
Pour chacune, imagine qui parle et à qui.

a. Nicolas, tu as bientôt fini de faire le pitre ?

b. Il vous en faut un kilo ?

c. Fromage ou dessert ?

d. Où étiez-vous mardi soir à minuit ?

e. Avez-vous le trac avant d'entrer en scène ?

f. Tu as eu combien à ton contrôle de maths ?

g. À quelle heure part le prochain TGV pour Avignon ?

8 **ORAL**

Fais comme si tu étais un acteur. Dis les phrases suivantes avec au moins trois intonations différentes (par exemple : étonnement, colère, doute...).

a. Ils arrivent la semaine prochaine ?

b. La cassette a disparu ?

c. C'est terminé ?

9 **SCIENCES**

Ces phrases répondent à des questions que tu te poses peut-être. Lesquelles ?

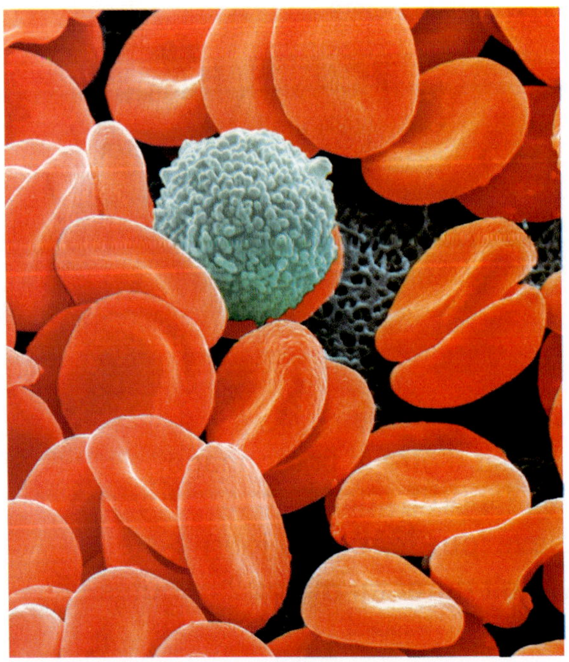

a. Le sang est rouge car il contient des globules rouges, des petits éléments très importants dont le travail est de transporter l'oxygène à travers tout le corps.

b. Nos poumons ne nous permettent pas de respirer dans l'eau. Au bout de quelques secondes, nous nous noyons ! C'est pourquoi les plongeurs sous-marins emportent sur leur dos des bouteilles d'oxygène et mettent un masque.

c. Caché dans notre tête, le cerveau dirige notre corps. Tout ce que nous sentons, voyons, entendons... remonte au cerveau. C'est lui qui donne l'ordre à nos bras et à nos jambes de bouger et même à notre langue de parler.

Michèle Longour, *Le corps*, « Kididoc », Nathan, 1998.

J'écris

10 HISTOIRE

Neil Armstrong est le premier homme à avoir marché sur la Lune en 1969. Quelles questions aurais-tu aimé lui poser à son retour sur Terre ?

11

Avec un camarade, prépare un mini-test de 5 questions sur un des thèmes suivants.

a. Es-tu gourmand ?
b. Es-tu « cool » ?
c. Es-tu sportif ?

Fais passer le test à des personnes volontaires de ton entourage.

12 LITTÉRATURE

Avec ton voisin ou ta voisine, écris les répliques qui manquent. Préparez ensuite la mise en voix de votre texte.

Le baptême de l'air

La scène se passe dans un avion entre une hôtesse de l'air et un passager.

LE PASSAGER – Mademoiselle, s'il vous plaît ?
L'HÔTESSE – ......
LE PASSAGER – Je ne sais pas, je ne me sens pas très bien.
L'HÔTESSE – ......
LE PASSAGER – Oui. Je crois que j'ai le mal de mer.
L'HÔTESSE – ......
LE PASSAGER – C'est vrai. Je perds la tête ! Je crois que j'ai le mal de l'air.
L'HÔTESSE – ......

D'après François Fontaine, *Des sketches à lire et à jouer pour les 5-8 ans*, Retz, 2002.

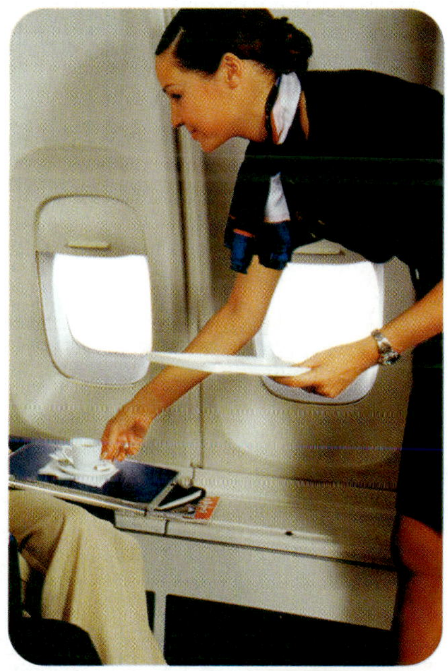

JE ME CREUSE LA TÊTE

13 HISTOIRE

À quels personnages du passé pourrais-tu poser ces questions si cela était possible ?

a. Est-ce que tu avais froid dans ta caverne ?
b. Pourquoi es-tu parti faire le tour du monde ?
c. Est-ce que tu savais lire et écrire ?

3 Je construis des phrases exclamatives

J'observe

1. Lis à haute voix le texte des bulles.
2. Les touristes sont-ils tous d'accord ? Explique ta réponse.
3. Quel est le point commun de toutes leurs phrases ?

Je retiens

- Pour montrer qu'on est étonné, qu'on est en colère, qu'on admire quelque chose..., on fait des **phrases exclamatives**.
- À l'oral, on utilise toujours une **intonation** particulière.
- À l'écrit, on met toujours un **point d'exclamation** à la fin.
  Ex. : Tiens ! Tu es là ! – Vraiment ! Vous exagérez ! – C'est très beau !

Je m'entraîne

4. **Cherche 3 phrases exclamatives dans une de tes BD préférées. Recopie-les.**

5. **Quand dit-on ces phrases ? Pourquoi ?**

a. Sauve qui peut !
b. Ho ! Hisse !
c. Haut les mains !
d. Silence !

e. Ouf !
f. Bravo !
g. Je t'ai à l'œil !

Je lis 

6 ORAL

Comme un acteur, dis les phrases suivantes à haute voix avec au moins deux intonations différentes.

a. Bien sûr ! – **b.** Demain ! – **c.** Bon voyage ! – **d.** Enfin ! – **e.** Tu vois ! J'y suis arrivé !

7

Repère les phrases qui donnent un ordre ou un conseil. Aide-toi de la leçon de la **page 54****.**

a. Il y a 6 milliards d'êtres humains sur la Terre. Ils sont tous différents !

b. Faites bien attention avant de traverser la rue !

c. Arrête ce ballon ! Arrête-le !

d. Ce repas était vraiment délicieux !

e. Tenez bon ! On arrive !

J'écris 

8 LITTÉRATURE

Avec ton voisin ou ta voisine, tu vas écrire un sketch pour le jouer devant la classe.
Pour cela, choisissez ensemble une des situations suivantes, ou trouvez-en une autre.

Écrivez un dialogue de 10 répliques maximum. Vous devez employer au moins 4 phrases exclamatives.

Situations : des parents et des enfants, un client désagréable et un serveur, deux automobilistes...

Le petit atelier

Les phrases célèbres

Seul(e) avec le grand groupe

D'où viennent ces phrases ? Cherches-en d'autres et propose-les à la classe.

– *Aux armes, citoyens !*
– *C'est pour mieux te manger, mon enfant !*

4 J'emploie des compléments circonstanciels

J'observe

1 Et toi ? Réponds oralement aux questions suivantes.

Où es-tu né(e) ? Dans quel pays ? Dans quelle ville ?
En quelle année ? Quel mois ? Quel jour ?

2 Que manque-t-il dans le message suivant ?

Chers parents,
J'emmène la classe.
la maîtresse des CE2B

3 Sais-tu ce qu'est un complément ?
Sais-tu ce que veut dire circonstanciel ?
Sur quel mot est-il formé ? Aide-toi d'un dictionnaire.

Je retiens

- Pour dire **où, quand, comment...** se passent les choses, on utilise **des compléments circonstanciels.**
  Ex. : Tous les mercredis, je fais du judo **dans la salle de sport, avec mon cousin**.
- Le plus souvent, on peut changer la place de ces compléments.
  Ex. : Avec mon cousin, tous les mercredis, je fais du judo **dans la salle de sport**.

Je m'entraîne

4 GÉOGRAPHIE

Choisis dans ta tête une ville du monde où tu aimerais aller. Écris une phrase pour expliquer où elle se trouve. Tes camarades doivent deviner de quelle ville il s'agit.

Ex. : Tokyo.
Elle se trouve sur une île, au bord de l'océan Pacifique, au Japon.

5 HISTOIRE

Teste tes connaissances en histoire en répondant aux questions suivantes.

a. Quand commence le Moyen Âge ?

b. Quand Charlemagne a-t-il été couronné empereur ?

c. Quand Gutenberg a-t-il inventé l'imprimerie ?

d. Dans quel pays l'imprimerie a-t-elle été inventée ?

Inventes-en d'autres et propose-les à tes camarades.

6 SCIENCES

Dans ce texte, retrouve :

– 1 complément qui indique le lieu ;

– 1 complément qui indique le temps.

La marmotte vit en colonie dans les montagnes. À l'arrivée du froid, elle quitte sa tanière d'été pour une autre plus profonde, où elle passera l'hiver. Elle bouche les entrées avec de la terre, des cailloux et hiberne pendant plusieurs mois.

Didier Jean et Zad, *La maison des animaux*, De la Martinière Jeunesse, 1998.

7 HISTOIRE

Relève les compléments circonstanciels du texte. Quel renseignement chacun apporte-t-il ?

Dès le Moyen Âge, on a fabriqué du papier en Chine, avec des tiges de bambous. D'abord, on faisait tremper ces tiges dans l'eau, et puis, on les faisait cuire pour obtenir une sorte de pâte. On en détachait ensuite des couches minces que l'on faisait sécher dans un four et que l'on aplatissait avec une presse.

Le petit atelier

L'objet caché

Par deux, avec le grand groupe

On masque les yeux de deux élèves volontaires. Pendant ce temps, les autres élèves cachent un objet quelque part dans la classe.

Les deux premiers élèves doivent poser des questions pour deviner l'endroit où est caché l'objet. À ces questions, les autres élèves ne peuvent répondre que par *oui* ou par *non*.

Ex. : Est-ce que l'objet est **dans un tiroir** ?

L'itinéraire

Seul(e), avec le grand groupe

Un élève choisit dans sa tête un endroit de son quartier ou de son village, sans le dire aux autres.

Il explique l'itinéraire pour y aller, en partant de l'école.

Les autres élèves devront pouvoir deviner l'endroit que l'élève a choisi.

Je lis

8 SCIENCES

Choisis une phrase. Change la place des compléments circonstanciels (mots en gras). Lis à haute voix les solutions que tu as trouvées. Laquelle préfères-tu ? Pourquoi ?

a. Le castor entasse **au fond de l'eau** des troncs, des branches, des pierres et de la boue **pour bâtir sa hutte**.

b. Le 21 juillet 1969, devant des millions de téléspectateurs, deux Terriens posent le pied sur le sol lunaire.

c. À Paricutin, au Mexique, en 1943, un paysan labourait son champ quand le sol s'est mis à trembler. **Le lendemain**, il y avait un volcan **à la place du champ** !

9 SCIENCES

Repère les dates importantes dans l'histoire des dents.

Les dents

Les premières dents apparaissent entre 4 mois et 1 an. Ce sont les dents de lait. On voit sortir, dans l'ordre, les incisives inférieures, les incisives supérieures, les canines et enfin les molaires.

Les incisives servent à couper la nourriture, les canines à la déchiqueter et les molaires la réduisent en bouillie.

Vers l'âge de deux ans et demi, les vingt dents de lait sont sorties et elles vont rester là quelques années, pendant que les dents définitives se préparent en cachette.

Vers 8 ou 9 ans, les dents de lait tombent et les autres, celles qu'on garde toute la vie, poussent.

À 12 ans, on a toutes ses dents.

Catherine Dolto, *Comment ça va la santé* ?, « Grain de sel », Hatier, 1994.

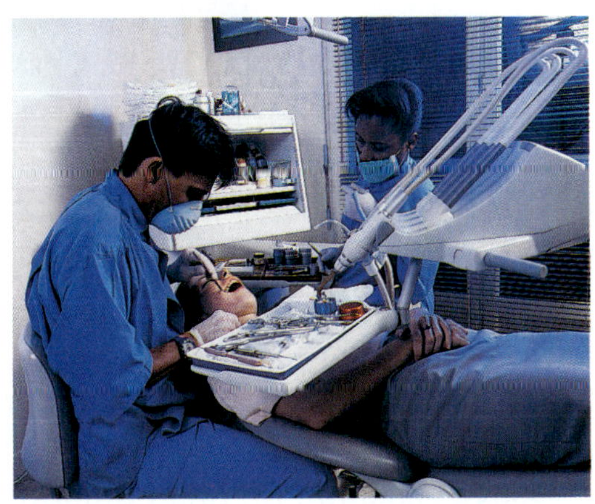

10

Connais-tu les expressions suivantes ? Quel est leur point commun ?

a. Pardonnez-moi ! J'étais **dans la Lune** ! J'avais la tête **dans les nuages** !

b. Il ne se sentait pas bien. Il a failli tomber **dans les pommes** !

c. Elle a vraiment le cœur **sur la main**.

J'écris

11 **Ajoute au moins deux compléments circonstanciels en répondant aux questions « Quand ? », « Où ? », « Comment ? ».**

a. Je voudrais faire du skate-board.
b. J'ai vu le film.
c. Le paquebot a quitté le port.

12 **Avec un autre élève, continue l'histoire en enchaînant quelques phrases selon le modèle suivant.**

Sur la Terre, il y a un pays. Dans ce pays il y a...

13 **Écris un texte de quelques lignes pour expliquer comment l'araignée tisse sa toile.**

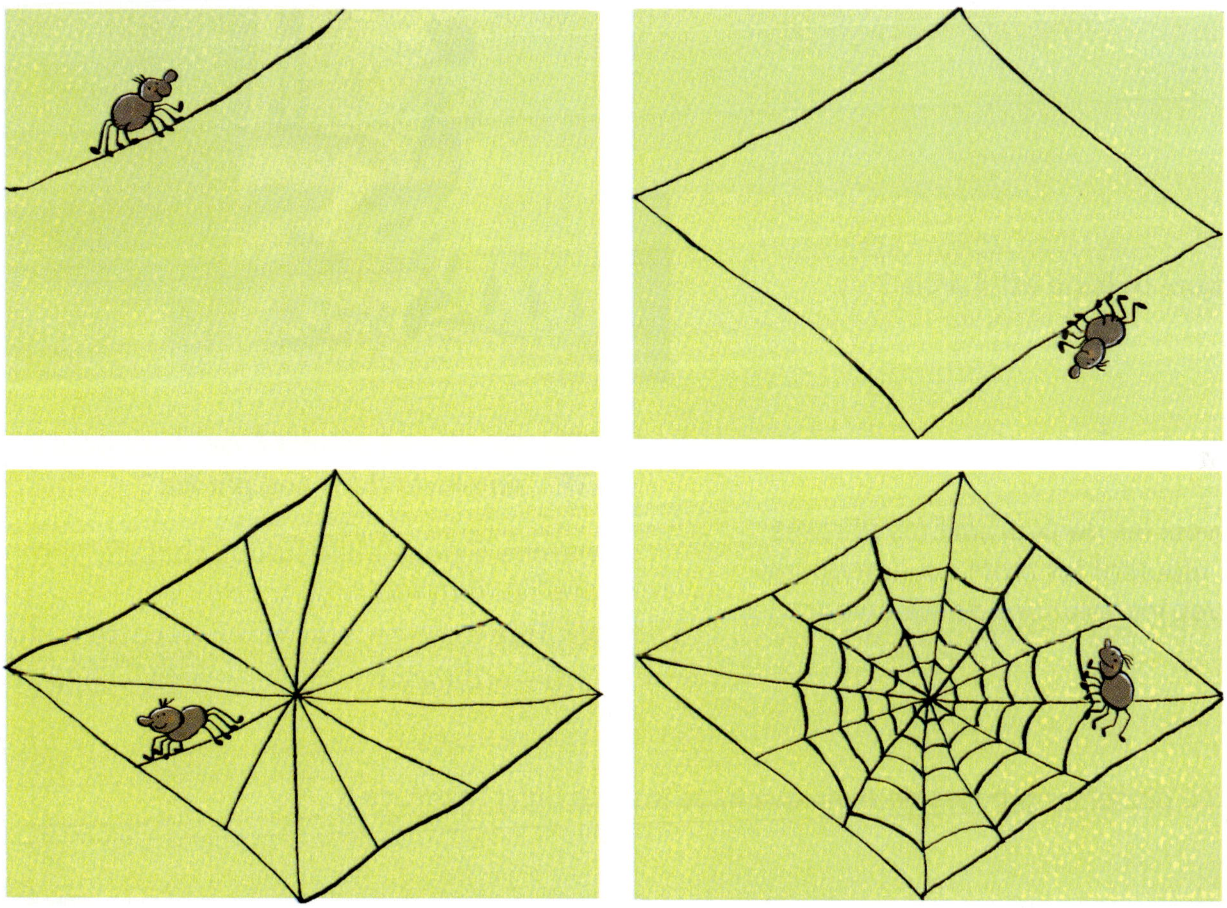

JE ME CREUSE LA TÊTE

14 **La phrase suivante peut avoir deux sens différents. Lesquels ?**

J'ai pris une belle photo du phare.

5 J'emploie les déterminants

J'observe

HISTOIRE - TÉLÉGRAMME

DRAGON ENLÈVE PRINCESSE - ROI DEMANDE CHEVALIERS SAUVER PRINCESSE - TROIS CHEVALIERS ATTAQUENT DRAGON - PREMIER CHEVALIER CARBONISÉ - DEUXIÈME ÉCRABOUILLÉ - TROISIÈME AVALÉ TOUT CRU - ROI DÉSESPÉRÉ - FACTEUR IDÉE - ENVOIE LETTRE PIÉGÉE DRAGON - DRAGON EXPLOSE - PRINCESSE ÉPOUSE FACTEUR - HEUREUX - FAMILLE NOMBREUSE - RÉDUCTION S.N.C.F. - FIN

Bernard Friot, *Nouvelles histoires pressées*, « Zanzibar », Milan, 1992.

1 **Pourquoi ce texte est-il drôle ?**

2 **ORAL**

Lis à haute voix les deux premières phrases du texte en ajoutant les mots qui manquent. Compare avec les solutions de tes camarades.

3 **Que faut-il ajouter à ces mots pour les employer dans une phrase ?**

Cherche 3 possibilités pour chacun, comme dans l'exemple.

Ex. : **une** histoire, **son** histoire, **cette** histoire

lettre – ordinateur – cahier – pied – chaussure

4 **Écris au pluriel les groupes de mots que tu as trouvés dans l'exercice 3.**

Je retiens

- Les **noms** sont généralement employés avec un petit mot devant. Ce mot s'appelle un **déterminant**.

  Ex. : **une** princesse , **son** père, **le** facteur, **ce** piège...
  les chevaliers, **des** aventures, **ses** lettres, **ces** personnages...

Je m'entraîne 

5 **Trouve deux déterminants pour compléter les séries suivantes. Aide-toi du tableau page 169.**

a. le – ...
b. une – ...
c. son – ...
d. ce – ...

6 **Cherche et écris au moins deux déterminants qui se prononcent de la même manière mais qui ne s'écrivent pas de la même manière. Aide-toi du tableau page 169.**

7 **Réponds par vrai ou faux.**

a. Mon accompagne toujours un nom masculin.
b. Cet est une forme au masculin : cet arbre.
c. Sa est toujours féminin.
d. L' remplace le et la devant une consonne.

8 **C'est une Anglaise qui parle à des Français. Corrige les fautes.**

J'aime bien la ice-cream et la pudding, j'aime beaucoup aussi le cuisine française. Mais pourquoi voulez-vous manger le petite grenouille qui ne vous a rien fait ? C'est un horreur !

Le petit atelier

Autour de moi

Seul(e), avec le grand groupe

Un élève regarde autour de lui dans la classe. Il montre des objets et dit leur nom avec à chaque fois un déterminant différent.

Ex. : **une** fenêtre, **les** rideaux, **son** cartable, **cette** affiche...

Au hasard dans le dictionnaire

Seul(e), avec le grand groupe

Un élève ouvre son dictionnaire au hasard. Il lit à haute voix le premier nom de la page.

Toute la classe cherche les déterminants qui pourraient accompagner ce nom.

Je lis

9 **Ces phrases se ressemblent beaucoup, mais elles ne veulent pas dire la même chose. Explique pourquoi.**

a. J'ai mangé **une** glace. J'ai mangé **la** glace.
b. Le boucher passe lundi.
Le boucher passe **le** lundi.
c. Il faut fermer **la** fenêtre.
Il faut fermer **une** fenêtre.

10 **Dans quelle phrases parle-t-on d'un animal en particulier ? De tous les animaux qui ont le même nom ?**

a. La chouette est un animal nocturne.
J'ai entendu cette nuit la chouette qui vit dans le vieil arbre.
b. Le cheval qui était au pré s'est échappé.
Le cheval est la plus belle conquête de l'homme.

11 **SCIENCES**

Trouve le déterminant qui manque.

Les oiseaux ont ... sortes de plumes. Celles des ailes et de la queue servent à voler.
Les plumes couvrantes protègent le corps et les épaules et, en dessous, le duvet tient chaud.

Alexandra Parsons, *Un oiseau*, « Qui suis-je ? », Gallimard, 1990.

12 **Quels sont les déterminants possibles dans ces phrases ?**

a. Il était ... fois ... petite fille toute habillée de rouge qui allait voir ... grand-mère.
b. ... champignons ne sont pas comestibles.
c. Voici ... ... couleurs de l'arc-en-ciel.
d. ... nuit, j'ai perdu ... dent.

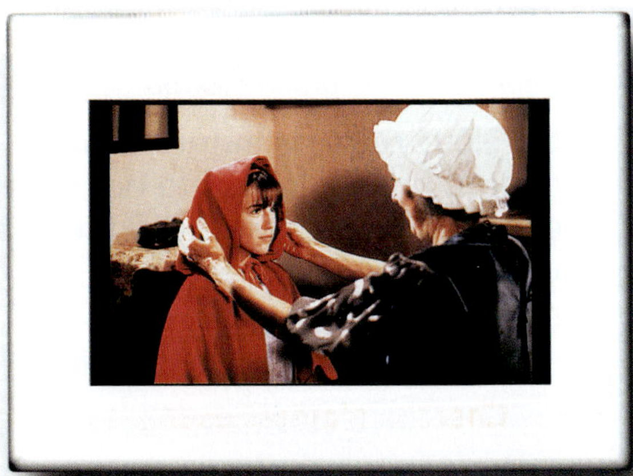

J'écris 

13 **Emploie ces groupes dans des phrases de ton invention.**

mon anniversaire – tes chaussures – ses affaires de piscine – leur train – leurs cousins

14 **Supprime les répétitions de ce texte. Ensuite, réécris-le en commençant par « Les ours... »**

L'ours est un omnivore. La nourriture de l'ours se compose de poissons, de petits rongeurs, et aussi de fruits et de miel sauvage... Les molaires de l'ours lui permettent de broyer les aliments.

15 **Imagine les situations où quelqu'un pourrait dire ces phrases.**
Pour chacune de ces situations, écris la phrase qui précède ou la phrase qui suit.

Ex. : J'ai commandé une balançoire la semaine dernière. Je viens de recevoir le colis.

a. J'ai reçu **un** colis.
b. J'ai reçu **le** colis.
c. J'ai reçu **son** colis.
d. J'ai reçu **ce** colis.

16 **Crée un panneau publicitaire pour ta commune, sur le modèle de celui-ci. Présente-le sous la forme d'une affiche.**

JE ME CREUSE LA TÊTE 

17 **Quelle différence y a-t-il entre le mousse et la mousse ? Cherche d'autres exemples du même type.**

J'emploie les adjectifs qualificatifs

J'observe

1 **Trouve les solutions des devinettes.**

Jaune, **chaud** et **brillant**..., qui suis-je ?
Petite, **ronde**, **lisse**, **rouge** et **sucrée**..., qui suis-je ?
Noir ou **blanc**, **sucré** ou **amer**, toujours **fondant**..., qui suis-je ?

Va découvrir les solutions p. 32

2 **À quoi servent les mots en gras des devinettes ?**
Sais-tu déjà comment on appelle ces mots en grammaire ?

3 **ORAL**

Ouvre ton dictionnaire à une page au hasard, et cherches-y un adjectif qualificatif. Dis-le à haute voix.
Les autres élèves proposeront un nom qui pourrait aller avec.

4 **Que peut-on dire :**

a. d'un plat ?
b. d'une émission de télévision ?
c. d'un paysage ?
d. d'un climat ?
e. d'une baguette de pain ?
f. d'une musique ?
g. d'un fruit ?
h. d'un chien ?

Avec ton voisin ou ta voisine, cherche au moins un adjectif pour accompagner chacun de ces mots.

Je retiens

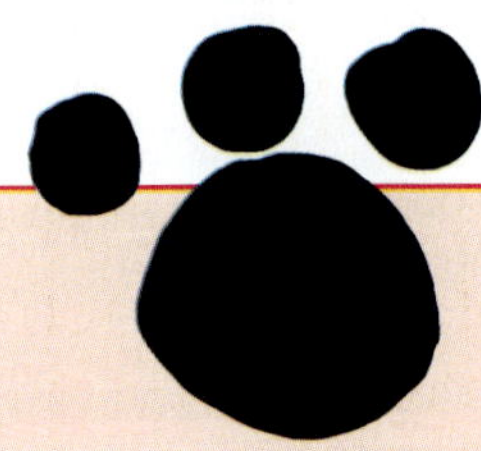

- *Petit, blanc, chaud, intéressant, agréable, gai, jeune...* sont des **adjectifs qualificatifs.**
- On s'en sert pour **donner des renseignements** sur des choses, des personnes.
- Il faut toujours **accorder** les **adjectifs qualificatifs** avec **le nom** qu'ils accompagnent.

Pour apprendre les règles d'accord, va voir à la *page 80.*

Je m'entraîne

5 **Pense à un endroit que tu aimes bien. Cherche au moins deux adjectifs pour le qualifier.**

6 **Avec ton voisin ou ta voisine, trouve des adjectifs pour compléter ce portrait.**

Vous irez ensuite au tableau dessiner le pirate.

Les autres élèves devront retrouver les adjectifs que vous avez ajoutés.

Le Pirate

C'était un pirate.
Il portait
un chapeau,
une épée,
une redingote
et une grande
barbe noire.
Il se promenait
le long du quai
en regardant
vers le large.

7 **Connais-tu les expressions suivantes ? Trouve les adjectifs qui manquent.**

... comme un singe – ... comme des sardines – ... comme une pie – ... comme un paon – ... comme un renard – ... comme une mule.

8 **SCIENCES**

Relève tous les adjectifs qui qualifient l'eau dans ce texte.

Les eaux douces

À côté des ruisseaux toujours en mouvement, les marais, les mares, les étangs, les lacs sont bien calmes avec leurs eaux immobiles. Pourtant ce sont les eaux douces qui renferment le plus grand nombre d'espèces animales. Larves d'insectes, libellules, petits crustacés, oiseaux, poissons, amphibiens, reptiles, etc.
Certaines zones sont limpides, comme celles des lacs de montagne où la végétation est rare. D'autres sont glauques, d'un vert brunâtre, à cause des particules en suspension. Elles sont riches en substances nourricières. Les berges sont un fouillis de plantes.

L'eau, de la source à l'océan, « Les Racines du Savoir Nature », Gallimard Jeunesse, 1995.

Le petit atelier

L'objet mystère

Seul(e), avec le grand groupe

Rapporte un objet de chez toi, caché dans un sac.

Un élève volontaire viendra le toucher et dira ce qu'il sent avec des adjectifs.

La classe devra deviner de quel objet il s'agit.

Ex. : C'est **rond**, c'est **léger**...

Mime

Seul(e), avec le grand groupe

Choisis un adjectif dans ta tête. Va le dire à l'oreille de ta maîtresse (ou de ton maître). Ensuite, mime-le devant tes camarades.

Grammaire
Conjugaison
Orthographe
Vocabulaire
Gram. de texte
Projets d'écriture
Boîte à outils

Je lis 

9 LITTÉRATURE

Voici des titres. De quel genre d'histoire s'agit-il à ton avis ?

a. Une histoire sombre, très sombre... – **b.** Le haricot magique
c. Histoires pressées – **d.** Le petit Chaperon vert – **e.** Margot l'intrépide

10 ORAL

Replace les adjectifs dans le texte.
Lis ensuite ton texte à haute voix.

grand - puissantes - moyenne

Le vélociraptor

Malgré sa taille (il faisait environ 2 m de long),
ce dinosaure était un chasseur.
Il maintenait ses proies avec ses griffes.

D'après Émilie Beaumont, *Les Dinosaures*, « L'imagerie animale », Fleurus, 2001.

11 GÉOGRAPHIE

Complète avec les adjectifs qui manquent.

a. Le lac Baïkal, en Russie, est le lac le plus ... et le plus ... du monde. Il s'est formé il y a environ 25 millions d'années. Son point le plus ... est à 1 620 mètres de la surface.

b. Le mont Everest, dans le massif de l'Himalaya, est la plus ... montagne du monde. Son sommet culmine à 8 850 mètres au-dessus du niveau de la mer.

Steve Jenkins, *Records du monde*, « Aux couleurs du monde », Circonflexe, 1999.

12

Lis ce petit texte.
Trouve au moins trois adjectifs pour qualifier le dromadaire.

Grâce au dromadaire, les hommes peuvent vivre dans le désert. L'animal, en effet, permet de transporter de lourdes charges. Il produit aussi du lait et de la bonne laine épaisse. Il supporte très bien la chaleur, et il peut rester plusieurs jours sans boire. Hélas, il ne sent pas très bon et il se met assez vite en colère.

J'écris

13 **Retrouve le prénom de celui qui a écrit ce texte. Comment as-tu fait ? Essaie de faire la même chose avec ton prénom.**

Joyeux
Espiègle
Amical
Nerveux, un peu, parfois

14 **Ajoute au moins deux adjectifs dans chacune des phrases suivantes. Compare ton histoire avec celle de ton voisin ou de ta voisine.**

La sorcière habitait une maison au cœur de la forêt.
Deux enfants arrivèrent dans la clairière.
En les voyant, elle sortit dans la cour et leur fit un signe.

15 **Réécris le texte pour que le paysage devienne gai. Que vas-tu changer ?**

Le ciel était sombre. Un vent violent et glacé poussait de gros nuages noirs. Des vagues énormes venaient s'écraser contre la falaise dans un bruit assourdissant.

16 **LITTÉRATURE**

Choisis un personnage que tu aimes bien dans une histoire, un livre ou une B.D. Cherche au moins 2 adjectifs qualificatifs pour en parler.

Emploie ensuite ces adjectifs dans une phrase ou dans un petit texte.

Ex. : J'aime bien Harry Potter parce qu'il est à la fois très **drôle** et très **débrouillard**.

17 **Quels sont les adjectifs qui te viennent à l'esprit en regardant ce portrait ? Écris un petit texte pour les employer.**

JE ME CREUSE LA TÊTE

18 **Cherche un adjectif qui peut aussi être un nom.**

Ex. : nouveau → un nouveau

Bilan

Je sais reconnaître

- les suites de mots qui sont des phrases ;
- les types des phrases ;
- les verbes, les noms, les adjectifs, les déterminants ;
- les compléments circonstanciels.

1 GÉOGRAPHIE

Il y a 2 erreurs de ponctuation dans ce petit texte. Repère-les, puis compte les phrases que tu trouves.

Les cyclones, qu'on appelle aussi ouragans, typhons ou willy-willy. Sont d'immenses tourbillons d'air humide. Qui naissent au-dessus des mers tropicales. Ils se forment lorsque la température de l'eau dépasse 26 °C.

2 **Ponctue correctement les phases suivantes. Recopie le verbe employé à l'impératif.**

a. Quel pays aimerais-tu visiter
b. Merci beaucoup
c. Les vaccins permettent à l'organisme de fabriquer des anticorps
d. J'ai vraiment eu très peur
e. Venez voir

3 **Écris un texte de 2 phrases au moins en te servant des indications données par la carte.**

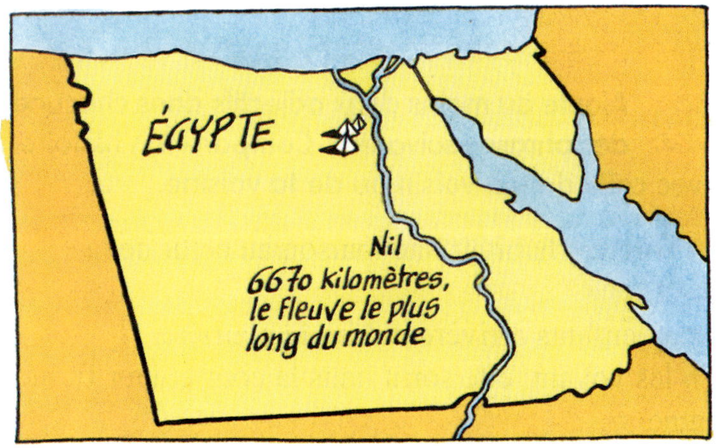

4 **Dans le texte suivant, relève : 1 adjectif – 2 noms – 3 verbes – 4 déterminants**

L'oreille du sage

Dans l'ancien royaume du Siam, en Asie, on croyait jadis que l'éléphant savait résoudre les problèmes des hommes. À cette époque, tu aurais pu confier ton souci à sa grande oreille, et il t'aurait conseillé !

Alexandra Parsons, *Un mammifère*, « Qui suis-je ? », Gallimard, 1990.

5 **Dans cette grille, retrouve 3 mots de 3 classes différentes. Écris-les.**

A	K	M	V	T	I	P	F
U	P	K	O	T	D	R	H
F	X	T	Y	I	Z	O	M
O	C	E	A	N	Y	F	H
D	H	R	G	P	M	O	I
B	A	M	E	A	U	N	K
E	L	F	R	H	X	D	T

6 **Complète cette définition de l'adjectif qualificatif, puis donne un exemple.**

Un adjectif qualificatif est un mot qui...

7 **Recopie cette phrase et encadre deux compléments circonstanciels.**

Aujourd'hui, dans le monde, des enfants travaillent parfois pour quelques euros.

Je sais faire

- je sais construire des phrases correctes ;
- je sais enrichir une phrase ;
- je sais employer les déterminants.

8 **Remplis les bulles avec 1 phrase interrogative et 1 phrase exclamative.**

9 **En utilisant les mots suivants, écris 1 phrase interrogative et 1 phrase exclamative.**

avion – heure – intéressante – gentil – trouver
atterrir – ouvert – avoir – idée – magasin

10 **Écris les questions qui manquent dans ce dialogue.**

– ...
– J'étais chez moi, monsieur le Commissaire.
– ...
– Non, je n'ai rien remarqué d'anormal.
– ...
– Non, je ne le connaissais pas, car il venait juste d'arriver dans l'immeuble.

11 **Ajoute au moins trois mots à la phrase suivante. Écris la phrase que tu as obtenue.**

Le chien a aboyé.

12 **Réécris cette phrase en changeant l'ordre des mots.**

Actuellement, il y a environ 1 000 volcans en activité sur la surface de la Terre.

13 **Écris un petit texte de 4 lignes maximum pour décrire cet objet. Tu dois employer au moins 3 adjectifs qualificatifs.**

14 **Trouve au moins 3 déterminants possibles pour cette phrase.**

J'ai emprunté ... disques à la médiathèque mercredi dernier.

15 **MATHÉMATIQUES**

Voici la consigne d'un exercice de mathématiques. Le déterminant qui manque est-il un ou le ?

Entoure ... nombre impair.
2 - 11 - 6 - 7 - 30

LES SOLUTIONS

Page 11

16 Voici d'autres proverbes :

Tout ce qui brille n'est pas or.
Mieux vaut tenir que courir.
Comme on fait son lit, on se couche.
Qui sème le vent récolte la tempête.
Tant va la cruche à l'eau qu'à la fin elle se casse.

Page 15

13 HISTOIRE

Les personnages du passé peuvent être, par exemple :

a. Un homme préhistorique.
b. Magellan, navigateur portugais, né vers 1480, mort en 1521. Il a donné son nom à un détroit situé au sud de l'Amérique du sud.
c. Beaucoup de gens en France avant les lois de Jules Ferry sur l'école gratuite, laïque, obligatoire, en 1881.

Page 21

14

Les deux sens possibles de la phrase sont :
– La personne qui s'exprime a photographié un phare de l'extérieur.
– La personne qui s'exprime est en haut du phare et prend une photo.

Page 25

17

Le **mousse** et la **mousse** sont 2 mots qui se prononcent de la même manière, et qui s'écrivent aussi de la même manière : ce sont 2 homonymes parfaits. Mais l'un est masculin, l'autre féminin.
Au masculin, *un mousse* est un jeune marin sur un bateau. Au féminin, on parle de *la mousse* des arbres, *la mousse* du savon, *la mousse* au chocolat...
Voici d'autres mots qui ressemblent à ceux-là : *un voile* et *une voile*, *un manche* et *une manche*…

Page 29

18

Il y a les couleurs, par exemple (bleu, rouge, vert...) :
Ex. : Certaines personnes aiment **le bleu**, d'autres préfèrent **le rouge, le vert, le jaune...**
Il y a aussi le mot ***frais*** :
Ex. : L'été, quand la nuit est tombée, on peut prendre **le frais**.
Et beaucoup d'autres encore...

Page 12

Test : *Es-tu autonome ?*
– Si tu as 5 ***oui*** ou plus, tu es très autonome.
– Si tu as 3 ou 4 ***oui***, tu es moyennement autonome.
– Si tu as 1 ou 2 ***oui***, tu n'es pas très autonome.

Page 26

Jaune, chaud et brillant, c'est le **soleil**.
Petite, ronde, lisse, rouge et sucrée, c'est la **cerise**.
Noir ou blanc, sucré ou amer, toujours fondant, c'est le **chocolat**.

Conjugaison

7 Je reconnais les verbes

8 J'accorde le verbe avec son sujet

9 J'emploie les verbes au présent

10 J'emploie les verbes au passé composé

11 J'emploie les verbes à l'imparfait

12 J'emploie les verbes au futur

13 J'emploie les verbes à l'impératif

Je reconnais les verbes

J'observe

1 Que fait le chien ?
Réponds oralement à cette question en t'aidant des documents. Tu peux aussi proposer d'autres verbes qui conviennent bien au chien.

2 Lis le texte suivant.
Retrouve les verbes que tu as proposés dans l'exercice 1. Repères-en d'autres.

On dit que le chien est l'un des meilleurs amis de l'homme. Il vit dans sa maison. Il se promène avec lui, il joue avec lui. Il saute, il bondit, il se frotte contre ses jambes pour lui dire bonjour.

3 Transforme oralement la phrase suivante en commençant par « Les chiens... ».
Que remarques-tu ?

Le chien ne dort jamais que d'un œil.

Transforme ensuite la phrase en commençant par « J'avais un chien qui... ». Que remarques-tu ?

Je retiens

- Pour parler du chien, on a employé des mots qu'on appelle des **verbes** :
  il **joue**, il **saute**, il **bondit**, il **dort**.
- Les **infinitifs** de ces verbes sont : **jouer, sauter, bondir, dormir.**

Je m'entraîne

4 ORAL

Prends un dictionnaire. Ouvre-le à une page au hasard. Sur cette page, trouve au moins un verbe et dis-le à haute voix.

5 ORAL

Voici des verbes à l'infinitif. Emploie-les oralement dans une phrase.

faire – voir – entendre – finir – dire – pouvoir – aller

Ex. : savoir ➡ Nous ne savons pas ce qui s'est passé.

6 **Cherche les verbes qui ont été fabriqués à partir des mots suivants.**

Cherche d'autres exemples pour continuer l'exercice.

le galop – le jardin – la Lune – un conte – un bond – rouge – un saut – un compte – un achat – maigre

7 **Retrouve les verbes suivants dans le texte.**

boire – s'appeler – servir – connaître – provenir – fabriquer

Le cacao

Le cacaoyer provient d'Amérique centrale. Ses fruits s'appellent des cabosses. Au Mexique, les graines de ses fruits, ou fèves, ont même servi de monnaie ! C'est à partir de celles-ci qu'on fabrique de la poudre de cacao. L'Empereur des Aztèques, Montezuma, en buvait 50 tasses par jour ! En France, on connaît le cacao depuis le 17e siècle. Le chocolat en tablette, lui, n'est fabriqué que depuis 1847.

Catherine Le Troquier et Les Sabatier, *Bizarre, Plantes Étranges*, Hachette Jeunesse, 1995.

Le petit atelier

Le mime

Seul(e), avec le grand groupe

Tu choisis un verbe dans ta tête. Tu vas le dire à l'oreille de ta maîtresse (ou de ton maître), et ensuite tu le mimes.

Tes camarades doivent deviner le verbe que tu as choisi.

Le petit bac

Par deux

La classe tire au sort une lettre de l'alphabet. Avec un camarade, tu dois écrire le plus possible de verbes qui commencent par cette lettre. On arrête au bout d'une minute.

La devinette des Schtroumpfs

Seul(e), avec le grand groupe

Tu choisis un verbe dans ta tête. Tu vas le dire à ta maîtresse (ou à ton maître). Les autres élèves doivent le deviner en te posant 10 questions.

Attention ! Tu ne peux répondre que par *oui* ou *non*.

Ex. : Est-ce qu'on *schtroumpfe* à l'école ?
Est-ce qu'un animal peut *schtroumpfer* ?

Je lis

8 **Lis les mots suivants à haute voix et chasse l'intrus.**

danser – fabriquer – changer – fer – plonger
grimper

9 **C'est le même verbe qui manque dans les quatre phrases. Retrouve-le.**

Cherche-lui ensuite un synonyme différent dans chaque phrase.

Quel costume vas-tu ...... pour le Carnaval ?
Aurélie ...... le même nom que moi.
Ma petite sœur est trop lourde. Je ne peux plus la ......
Il faut tout de suite leur ...... la bonne nouvelle.

10 **SCIENCES**

Retrouve les verbes du texte. Lis-le ensuite à haute voix.
Compare avec ce que tes camarades ont trouvé.

Le Soleil et la Terre

La Terre ...... autour du Soleil. La lumière du Soleil ...... à la vitesse de 300 000 kilomètres en une seconde. Elle ...... un peu plus de huit minutes pour ...... jusqu'à nous.

11 **SCIENCES**

Comment fait-on du pain ? Réponds à cette question en faisant la liste des actions importantes. Pour cela, repère bien les verbes importants.

Ex. : Pour faire du pain :
- prendre de la farine, de l'eau...
- ...

Le boulanger

Que met-il dans sa pâte ? De la farine, de l'eau, du sel et de la levure. Autrefois, il pétrissait la pâte à la main. C'était dur ! Maintenant, elle est mélangée automatiquement dans le pétrin. Puis, elle repose quelques heures et gonfle, grâce à la levure (...). Les boules de pâte, les pâtons, sont bien gonflés. Alors, le boulanger les enfourne avec sa longue pelle. Au bout de quelques heures, la croûte se forme. À sa sortie du four, le pain refroidit ; l'odeur se répand.

Odile Limousin, *Le Pain de ma tartine*, « Folio Benjamin », Gallimard.

J'écris

12 **J'aime, je n'aime pas.**

Fais deux listes : ce que tu aimes faire et ce que tu n'aimes pas faire. Pour cela emploie des verbes, comme dans l'exemple.

Ex. : J'aime aller à la piscine.
Je n'aime pas me lever tôt.

Tu peux la lire à haute voix à tes camarades.

13 **Autour du verbe suivant, invente une phrase très longue. Lis-la à haute voix.**

...... pousse ......

14 **TECHNOLOGIE**

Décris ce qui se passe en employant des verbes. Souligne-les.

Eau et :
1 sirop
2 huile
3 vinaigre

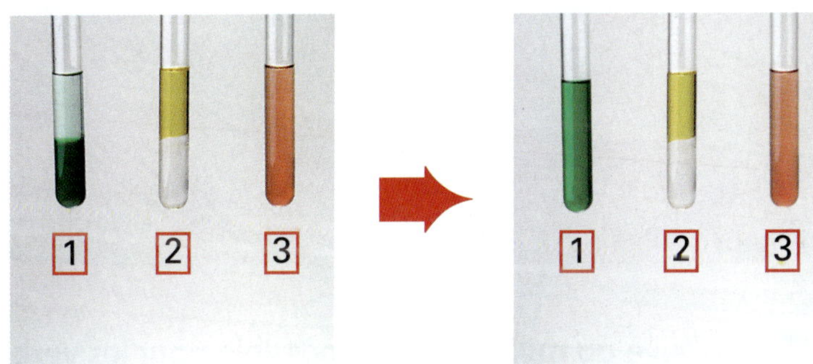

15 **Écris ce qu'il faut faire pour réaliser ce pliage.**
Souligne les verbes que tu emploies.

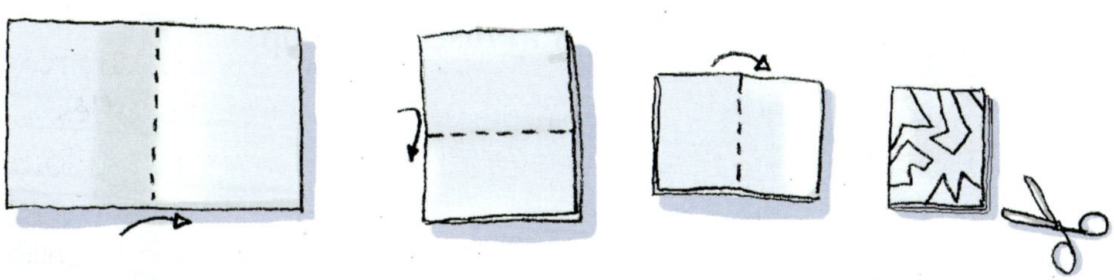

JE ME CREUSE LA TÊTE

16 **Chasse l'intrus. Explique ton choix.**

siffler – boucher – boulanger – penser

17 **Que fait la grenouille ?**
Elle coasse.

Cherche ce que font :
- le corbeau
- la pie
- le hibou

8

J'accorde le verbe avec son sujet

J'observe

1 **Repère au moins trois personnages : que font-ils ?**
Compose trois phrases pour répondre à cette question, à l'oral d'abord, puis à l'écrit. Échange tes phrases avec ton voisin.

2 **Trouve au moins un sujet possible pour les verbes suivants.**
Aide-toi du dessin et des tableaux de conjugaison page 172 à 176. Explique tes choix.

a. ... **rit** aux éclats.
b. ... **courent** dans tous les sens.

c. ... **s'éclaboussent**.
d. ... **s'amuse** beaucoup.

Je retiens

Un enfant **saute** du plongeoir.
Quelques personnes **font** la sieste. D'autres **lisent** le journal.
Le maître nageur **surveille** le bassin.

- *saute, font, lisent, surveille* sont des **verbes**.
- *un enfant, quelques personnes, d'autres, le maître nageur* sont les **sujets** de ces verbes.
- Le verbe **s'accorde** avec son sujet.

Je m'entraîne

3 **Ouvre ton livre page 174. Cherche :**

- une forme qui se termine par un ***x*** ;
- deux formes qui s'écrivent de la même manière ; et qui se prononcent de la même manière ;
- deux formes qui se prononcent de la même manière mais qui s'écrivent différemment.

4 **ORAL**

Quel sujet peux-tu mettre devant tous ces verbes ? Aide-toi des tableaux de conjugaison, pp. 172-176. Explique ta réponse.

courais – finis – aimeras – es – veux – entends – viendras

5 **Chasse l'intrus. Explique ton choix.**

dit – fait – a – va – sais – voyage – peint

6 **On a mélangé les sujets et les verbes. Remets de l'ordre !**

a. Le château fort gèle à 0°C.
b. L'eau a traversé l'Atlantique en 1492.
c. Christophe Colomb est entouré de murailles très solides.

7 **SCIENCES**

Quels sont les groupes de mots que tu pourrais remplacer par il, ils, elle ?

a. Les gorilles, les orangs-outans, les ouistitis et les bonobos sont des singes.
b. La girafe au long cou est un des plus grands animaux de la planète.
c. Le petit lionceau si mignon que nous avons vu hier soir à la télévision s'appellera Cacahuète.

Le petit atelier

Qui est-ce qui… ? Qu'est-ce qui… ?

Seul(e) avec le grand groupe

Cherche une question à poser sur le modèle suivant. Un(e) camarade répond à ta question. Toute la classe repère ensuite le verbe et le sujet de la réponse.

Ex. : Qu'est-ce qui sort de la cheminée ?
C'est la fumée qui sort de la cheminée.
Sort est le verbe, ***la fumée*** est le sujet.

Le relais

Par trois

À l'oral, un premier élève invente une question sur le modèle : « Que fait le lion ? »

Un deuxième élève répond à la question.

Un troisième élève donne oralement l'infinitif du verbe de la réponse.

Ex. : Que fait le lion ?
Le lion **rugit**.
C'est le verbe ***rugir***.

Je lis 

8 ORAL

**Lis à haute voix les phrases suivantes.
Que remarques-tu ?**

Essaie de trouver d'autres exemples, en t'aidant des tableaux de conjugaison.

a. Elle court sur la plage.
Elles courent sur la plage.

b. Je suis fatigué de tout ce bruit.
Je suis fatiguée de tout ce bruit.

9

**Qui est il ? Qui est elle ?
Propose deux sujets différents pour chaque verbe.**

a. **Il** pousse la voiture.
Il pousse très vite.

b. **Elle** marche sur le sentier.
Elle marche avec des piles.

10 SCIENCES

Trouve un titre qui montre de quoi parle le texte.

Elle se pose sur les étamines et ramasse du pollen sur son dos et ses pattes. Ensuite, elle se pose sur les pétales et elle avale le « nectar », un liquide sucré que fabriquent les fleurs et dont elle est friande.

La Ferme et le Jardin, « Dis-moi pourquoi, Babar », Hachette Jeunesse, 1998.

11 SCIENCES

Suis les fourmis à la trace. Repère tous les mots qui les désignent, puis réponds aux questions Vrai / faux.

Pour se nourrir, la plupart des fourmis des bois chassent, seules ou à plusieurs, de petits animaux, surtout des insectes. Chacune a son arme : certaines ont un aiguillon pour injecter du venin ; d'autres mordent leurs proies et les brûlent avec de l'acide.

La Fourmi, travailleuse infatigable, « Mini-Patte », Milan, 2000.

Vrai ou faux ?

a. Les fourmis se nourrissent généralement d'insectes.

b. Toutes les fourmis chassent de la même manière.

c. Certaines fourmis attaquent avec de l'acide.

J'écris

12 **Lis les conjugaisons de ces deux verbes. Que remarques-tu ?**

Verbe rouler

Je roule,
Tu roules,
Il roule,
Nous roulons,
Vous roulez,
Ils n'ont plus d'essence.

Verbe fumer

Je fume,
Tu fumes,
Il tousse,
Nous toussons,
Vous toussez,
Ils s'arrêtent de fumer.

Pef, *L'ivre de français*, « Folio benjamin », Gallimard, 1990.

Inventes-en une autre sur le même modèle.
Voici des idées de verbes possibles : *courir, sauter, manger*...

13 **Assez de faire ! Trouve à chaque fois un verbe différent pour le remplacer.**

a. Les maçons **font** une maison au bout de la rue.
b. À Noël, tout le monde **fait** des cadeaux.
c. Mais ton cartable **fait** une tonne !
d. Comment **fais**-tu pour être toujours à l'heure ?
e. Dimanche, nous avons **fait** une tarte.

14 SCIENCES

Transforme la fiche suivante en texte rédigé.
Attention ! Il faut que tu emploies des verbes conjugués.

Nom : Homo sapiens sapiens
Origine : Afriquc
Date de naissance : 35000 av. J.-C.
Taille : de 1,60 m à 1,80 m
Outils : nombreux et variés
(grattoirs, poinçons, burins...)

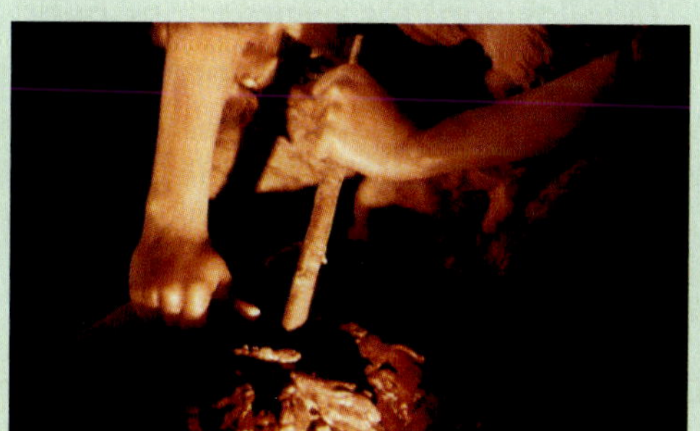

JE ME CREUSE LA TÊTE

15 **Qui se cache derrière il dans ces phrases ?**

Il pleut des cordes.
Il pleut des hallebardes.

9 J'emploie les verbes au présent

J'observe

1 **Que se passe-t-il en ce moment sur notre planète ? Invente oralement une phrase pour répondre à cette question.**

Ex. : En ce moment, la Terre tourne.
En ce moment, les Japonais dorment encore.

2 **Et toi, en ce moment : que fais-tu ? Que vois-tu ? Qu'entends-tu ? Réponds par écrit en t'aidant des tableaux de conjugaison pp. 172-176.**

3 **Réécris les phrases que tu as écrites dans l'exercice 2 en commençant par Nous...**

4 **Quelles sont les expressions avec lesquelles on emploie le plus souvent le présent ? Choisis-en une et fais une phrase avec.**

maintenant – jadis – autrefois – à l'heure actuelle – à cette époque-là – hier – à notre époque – actuellement – l'année dernière

Je retiens

- Pour raconter ce qui se passe en ce moment, on emploie le **présent de l'indicatif**.

Ex. : Je **suis** en classe.
Tu **écoutes.**
Elle **voit** des nuages dans le ciel.
Nous **entendons** des pas dans le couloir.
Vous **écrivez**.
Ils **dorment**.

Tableaux de conjugaison pages 172 à 176

Je m'entraîne

5 **Voici des formes du présent conjuguées avec je. Observe leurs terminaisons. Que remarques-tu ? Continue les séries.**

a. je joue – je rêve – je chante – regarde – ...
b. je vais – je cours – je lis – je ris – je dors – je vais – je prends – ...

6 **Dans les tableaux de conjugaison, page 174, cherche trois formes du présent conjuguées avec tu. Écris-les. Compare avec celles de ton voisin ou de ta voisine. Que remarquez-vous ?**

7 **Voici des verbes conjugués au présent avec il ou elle. Combien y a-t-il de terminaisons différentes ?**

elle s'amuse – il court – il veut – elle travaille – il se promène – il vient – elle mange – elle conduit – elle rêve – il sait elle part – il dit – elle lit

8 **Cherche un verbe à la troisième personne qui ne se termine ni par -e ni par -t.**

Ex. : il répon**d**

9 **Comment se terminent les formes avec nous ? avec vous ? avec ils / elles ?**

Donne des exemples.

10 **Voici des verbes à l'infinitif. Peut-on prévoir leur terminaison aux trois premières personnes du singulier du présent ? Vérifie ce que tu as prévu dans les tableaux de conjugaison, pages 172 à 176.**

mettre – finir – voir – savoir

Le petit atelier

Le pronom perdu

Seul(e), avec le grand groupe

Écris un verbe au présent sans le pronom de conjugaison.

Montre-le aux autres élèves qui doivent très vite retrouver ce pronom.

Ex. : plonges ➡ tu

Je demande...

Seul(e) avec le grand groupe

Choisis dans ta tête un verbe conjugué au présent.

Demande aux autres de le trouver et de l'écrire sur leur ardoise en donnant l'infinitif du verbe et la personne.

Ex. : Je demande le verbe **être** à la **deuxième personne du pluriel**.

Je lis

11 **Retrouve les 6 verbes au présent qui sont cachés dans cette grille.**

R	U	A	J	O	I	D	X	E
E	Z	S	K	M	C	I	Y	D
N	N	A	G	E	N	T	L	A
A	J	I	M	O	T	E	O	L
S	T	T	E	R	N	S	E	L
D	S	O	M	M	E	S	R	E
S	O	M	B	F	A	I	T	Z

12 **Voici trois phrases au présent. Est-ce qu'elles racontent quelque chose qui se passe en ce moment ? Explique ta réponse.**

a. Je joue au basket depuis trois ans.
b. Je joue au basket tous les mercredis.
c. Je joue au basket demain soir.

13 **Dans quel texte peux-tu employer un autre temps que le présent ? Pourquoi ?**

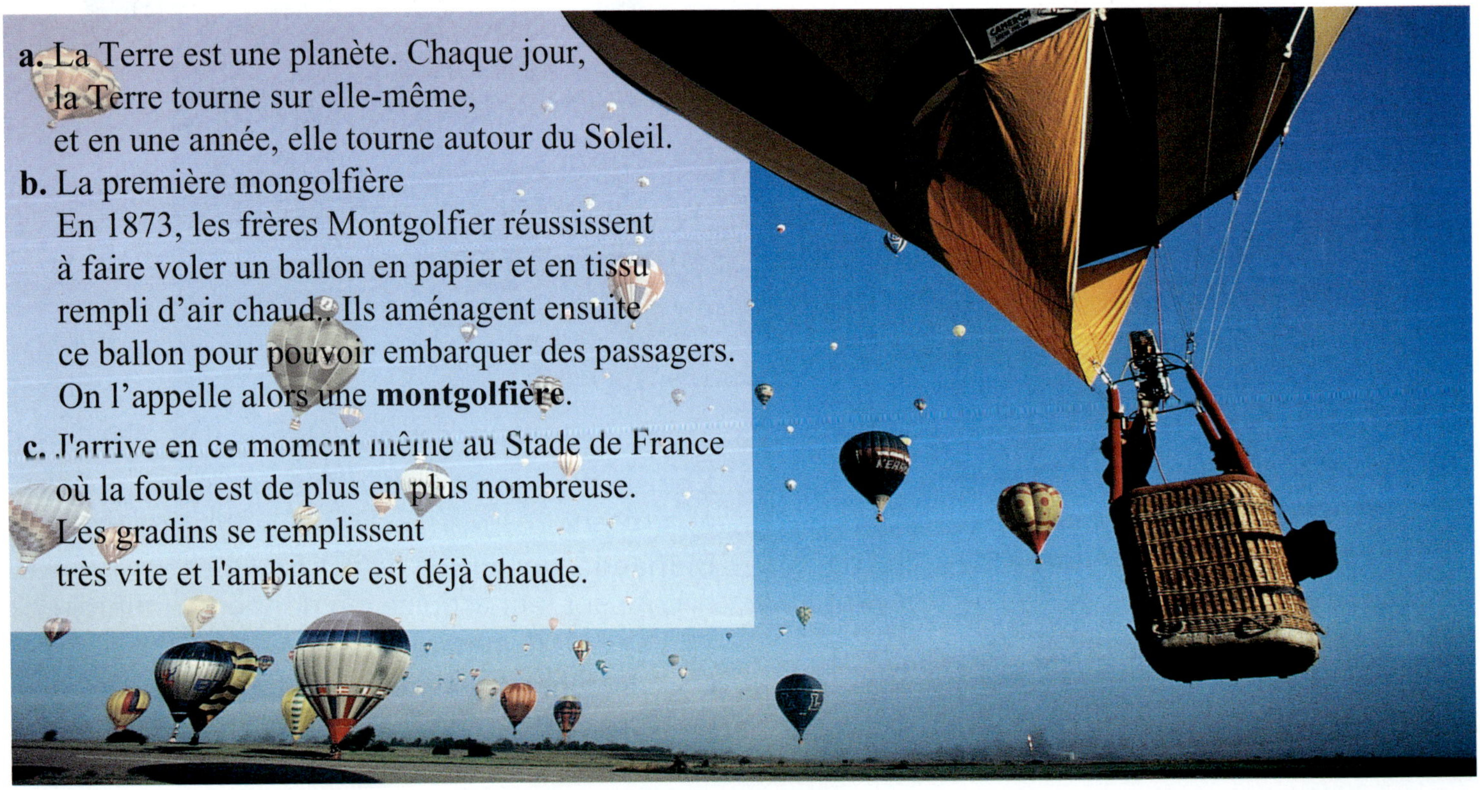

a. La Terre est une planète. Chaque jour,
la Terre tourne sur elle-même,
et en une année, elle tourne autour du Soleil.

b. La première mongolfière
En 1873, les frères Montgolfier réussissent
à faire voler un ballon en papier et en tissu
rempli d'air chaud. Ils aménagent ensuite
ce ballon pour pouvoir embarquer des passagers.
On l'appelle alors une **montgolfière**.

c. J'arrive en ce moment même au Stade de France
où la foule est de plus en plus nombreuse.
Les gradins se remplissent
très vite et l'ambiance est déjà chaude.

J'écris 

14 **Explique à tes camarades le trajet que tu fais pour venir de chez toi à l'école.**

15 **Présente-toi en trois ou quatre phrases.**

Ex. : Je m'appelle ...

16 **Imagine que tu rencontres E.T., l'extraterrestre, avec ta patinette. Explique-lui comment elle fonctionne.**

17 **SCIENCES**

Explique en 4 phrases ce que fait la tortue avec ses œufs.

18 **Avec ton voisin ou ta voisine, choisis un événement récent de la vie de ton village ou de ton quartier : une fête, une compétition sportive... Imaginez que vous êtes journalistes. Écrivez un article ou enregistrez une cassette pour parler de cet événement**

JE ME CREUSE LA TÊTE

19 **Un verbe peut en cacher un autre. S'agit-il du même verbe ?**

a. En général, je **suis** les conseils qu'on me donne.
Je **suis** content d'aller à la piscine tout à l'heure.

b. Ils **peignent** leur bateau sur la plage.
Ils se **peignent** avant de sortir.

10 J'emploie les verbes au passé composé

J'observe

1 Trouve au moins une réponse pour chacune des questions suivantes.

Qu'**as-tu fait** hier ?
Qu'**as-tu fait** ce matin ?
Qu'**avons-nous fait** ce matin en classe ?
Ex. : Ce matin, **nous avons lu** une histoire.

Quels verbes as-tu employés ? À quel temps ?

2 Compare les verbes des phrases suivantes. Que remarques-tu ?

a. Hier, Pierre **a fait** du roller.
Hier, nous **avons fait** du roller.
Hier, Aurélie **a fait** du roller.

b. Hier, Pierre **est allé** au judo.
Hier, Aurélie **est allée** au judo.
Hier, nous **sommes allés** au judo.

3 Le texte suivant est écrit au passé composé. Observe les verbes en gras et réponds au « Vrai ou faux ? ».

Le 3 août 1492, Christophe Colomb **est parti** d'Espagne avec trois bateaux. Il **a pris** la route de l'Ouest. Le 12 octobre, lui et ses hommes **ont aperçu** une terre.

Vrai ou faux ?

– L'histoire raconte des événements passés.
– Le passé composé est formé de 2 mots.
– Il y a toujours le verbe *avoir*.

Je retiens

- On emploie le **passé composé** pour raconter des **événements passés**.
- On l'appelle passé **composé** parce qu'il est formé de **deux mots** : le verbe ***avoir*** ou le verbe ***être*** + le **participe passé** du verbe employé.
- Le participe passé s'accorde avec le sujet lorsqu'il est conjugué avec *être*. Il ne s'accorde jamais avec le sujet quand il est formé avec *avoir*.
  Ex. : Aurélie **est** parti**e** à l'école. (verbe ***partir***)
  Nous **sommes** sorti**s** dans la cour. (verbe ***sortir***)
  Il **a** couru. (verbe ***courir***)

Tableaux de conjugaison pages 172 à 176

Je m'entraîne

4 **Passé composé avec être ou passé composé avec avoir ?**
Chasse l'intrus de chaque ligne.

a. venir – tomber – s'endormir – finir
b. découvrir – entrer – peindre – marcher – écrire

5 **Observe les terminaisons des participes passés, puis trouve au moins un exemple pour continuer chaque série. Tu peux t'aider des tableaux de conjugaison** **pages 172 à 176****.**

a. J'ai regardé les vitrines. – J'ai cherché une idée. – J'ai inventé une histoire. – ...
b. Tu as fini ? – La lionne a bondi sur le buffle. – ...

c. Il a reçu un beau cadeau. – Elle n'a pas voulu sortir. – ...
d. Nous avons appris beaucoup de choses. – Nous avons mis le couvert . – ...

6 **Ta maîtresse (ou ton maître) va te lire un texte. Fais une croix sur ton ardoise chaque fois que tu entends un verbe au passé composé.**

7 **HISTOIRE**

Voici le texte que tu viens d'entendre.
Lis-le silencieusement et recompte les verbes au passé composé. Est-ce que tu trouves le même nombre qu'à l'exercice précédent ?

L'homme de Cro-Magnon a vécu entre 40 000 ans et 10 000 ans avant notre ère. On a trouvé des traces de son passage en Europe, mais aussi en Australie et dans l'île de Java. Il ressemblait beaucoup aux hommes d'aujourd'hui.
Les spécialistes de la préhistoire l'ont appelé *Homo sapiens*. Cette expression latine veut dire « homme qui a le savoir ».

Le petit atelier

As-tu déjà... ?

Seul(e) avec le grand groupe

Prépare des questions au passé composé, en commençant comme dans l'exemple.

Les élèves devront répondre en employant aussi le passé composé.

Ex. : – **As-tu déjà** vu un éléphant ?
– Oui, **j'ai vu** un éléphant l'année dernière quand je suis allée au cirque.

Phrases relais

Par groupes de trois

Le premier élève écrit un sujet.

Le deuxième élève continue la phrase avec un verbe au passé composé.

Le troisième élève termine la phrase.

Vous lirez ensuite vos phrases aux autres groupes.

Je lis

Nos dernières vacances

8 **Imagine qui pourrait se cacher derrière les mots en gras.**

a. **Ils** sont partis se promener à bicyclette.
b. Avez-**vous** pris le train ?
c. **Elle** est arrivée en retard.
d. **Nous** sommes montés tout en haut du donjon.

9 **Qui parle dans ces phrases ?**

a. Je suis resté très longtemps sur une île déserte.
b. J'ai échappé au loup par miracle.
c. J'ai laissé tomber des cailloux blancs tout au long du chemin.

Invente à ton tour des messages perdus.
Pense aux histoires que tu viens de lire en classe, aux personnages historiques que tu connais, etc.
Échange ces phrases avec tes camarades.

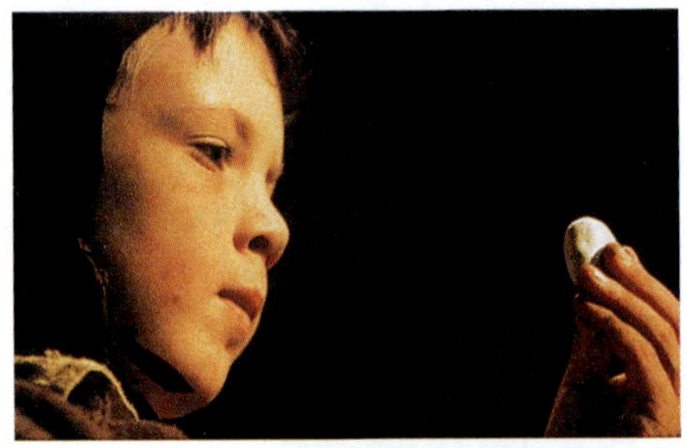

10 **HISTOIRE**

Lis le texte suivant pour répondre à la question : « Qu'ont fait les hommes préhistoriques avec le feu ? »

Vers 400 000 ou 500 000 ans avant J.-C., les hommes ont inventé le feu... Ils ont ainsi pu consommer des aliments qu'ils ne mangeaient pas d'habitude, car ils pouvaient désormais les faire cuire. Ils ont également pu se protéger en se couchant tout près du feu, ce qui empêchait les bêtes féroces de s'approcher. Ainsi, ils ont pu dormir sans crainte.

Albert Jacquard, Marie-José Auderset, *Moi je viens d'où ?*, « Points virgule », Le Seuil, 2002.

J'écris

11 **Choisis une histoire que tu connais bien et que tu aimes bien pour la raconter à la classe. Emploie le passé composé.**

12 **Regarde la frise historique qui est affichée dans ta classe. Repère un événement et présente-le en employant le passé composé.**

13 **Que s'est-il passé ? Imagine l'alibi de l'homme interrogé.**

14 **Écris un article qui pourrait avoir ce titre.**

> **Stupeur au Zoo ! La girafe a disparu !**
> Hier soir, au moment de la fermeture...

15 SCIENCES

Réécris ce texte en employant le passé composé.

Marie Curie

Marie Curie naît en Pologne en 1867. Elle vient à Paris faire ses études et elle y rencontre Pierre Curie. Après leur mariage, ils découvrent ensemble un phénomène physique jusqu'alors inconnu : la radioactivité. Pour cette découverte, ils obtiennent le Prix Nobel de physique, en 1903. Huit ans plus tard, Marie Curie obtient seule le Prix Nobel de chimie.

JE ME CREUSE LA TÊTE

16 **Cherchez l'erreur ! Une des trois phrases est fausse. Laquelle ?**

a. Jules César a battu Vercingétorix à Alésia.
b. Vercingétorix a battu Jules César à Alésia.
c. Vercingétorix a été battu par Jules César à Alésia.

11 J'emploie les verbes à l'imparfait

J'observe

1 Comment vivait-on il y a 100 ans ? Réponds oralement à cette question. Aide-toi des photos que tu peux voir sur cette page.

2 Voici des réponses possibles pour l'exercice précédent. Comment appelles-tu les mots en gras ?

Autrefois, l'électricité n'**existait** pas.
Les gens **s'éclairaient** à la bougie.
Il y a 100 ans, il n'y **avait** pas d'automobiles.

Sais-tu à quel temps ils sont conjugués ?
Tu peux t'aider des tableaux de conjugaison, pages 172-176.

3 Observe la conjugaison du verbe faire à l'imparfait, page 174. Repère :

- 2 formes qui se prononcent de la même manière et qui s'écrivent de la même manière.
- 2 formes qui se prononcent de la même manière mais qui ne s'écrivent pas de la même manière.

Je retiens

- L'**imparfait** est un des temps que l'on emploie pour parler du **passé**.
- ***j'étais, tu avais, il (elle) vivait, nous partions, vous saviez, ils (elles) dansaient*** sont des verbes conjugués à **l'imparfait**.

Tableaux de conjugaison pages 172 à 176

Je m'entraîne 

4 **Écris les formes demandées à l'imparfait. Aide-toi des tableaux de conjugaison.**

dire, avec *je* – *être*, avec *vous* – *savoir*, avec *elles* – *finir*, avec *nous* – *dormir*, avec *tu* –

5 **ORAL**

Continue les phrases suivantes en employant l'imparfait.

a. Quand j'étais petit, ...
b. Quand tu avais deux ans............
c. Quand nous étions au CE 1.......

6 **Combien y a-t-il de verbes à l'imparfait dans ce texte ?**

Le stégosaure avait des os en pointe sur le dos. Sa tête, toute petite, contenait un cerveau de la taille d'une noix. Le stégosaure passait la majeure partie de son temps à mâcher des herbes et des plantes pour nourrir son corps énorme. Et grâce aux pointes piquantes de sa queue, il pouvait se défendre contre les attaques des dinosaures carnivores tels que le Tyrannosaure Rex.

Bob Barner, *Dinosaures,* « Aux couleurs du monde », Circonflexe, 2001.

Je lis 

7 **À quoi sert le e en gras dans les verbes suivants ?**

je mang**e**ais – tu plong**e**ais – il nag**e**ait

8 **Les mots en gras ressemblent à des imparfaits, mais ce ne sont pas des imparfaits. Pourquoi ?**

a. Voici un **portrait** célèbre de Louis XIV.
b. Je ne **connais** pas le chemin.
c. **Souriez** ! Vous êtes filmés.
d. Le fond de l'air est **frais**.

9 **Place les verbes au bon endroit. Mets-les à l'imparfait, et écris-les.**

être – étudier – être – donner

Miam miam !

Il y a deux cents ans, le savant Thomas Muffet ... les araignées. Quand sa fille ... malade, il lui ... à manger de la bouillie d'araignées ! À cette époque, c' ... un remède commun pour soigner les rhumes.

Qui suis-je ?, une araignée, « Les chemins de la découverte », Gallimard Jeunesse, 1990.

Le petit atelier

Je demande...

Seul(e) avec le grand groupe

Choisis une forme de l'imparfait dans ta tête. Demande à tes camarades de l'écrire, comme dans l'exemple.

Ex. : Je demande le verbe *pouvoir* à la **première personne du pluriel**.

12

J'emploie les verbes au futur

J'observe

1 **Mets-toi à la place du journaliste et continue oralement le bulletin météo. Écris les verbes que tu as employés. Note aussi ceux que tes camarades ont employés. À quel temps sont-ils conjugués ?**

2 **Réponds aux questions suivantes.**

a. Que **feras**-tu demain ?
b. Que **feras**-tu l'année prochaine ?

3 **Voici des réponses possibles aux questions de l'exercice 2.**
As-tu employé le même temps ?
Demain, j'**irai** voir ma grand-mère.
L'année prochaine, je **serai** au CM1.

4 **Dis les phrases de l'exercice 2 à une autre personne de la conjugaison.**

Je retiens

- Pour parler de ce qui se passera **demain** ou *plus tard dans l'avenir*, on emploie le **futur**.
- ***J'irai, tu seras, elle aura, nous ferons, vous habiterez, ils vivront...*** sont des verbes conjugués au futur.

Je m'entraîne

5 **Continue les phrases en employant des verbes au futur. Aide-toi des tableaux de conjugaison,** **pages 172 à 176****.**

a. Le printemps prochain, ...
b. Quand il fera nuit, ...
c. Dès que la fusée aura décollé, ...
d. Si vous gagnez le gros lot, ...
e. S'il le faut, ...

Je lis 

6 **Parmi les formes suivantes, repère celles qui sont au futur.**

je courais – nous courrons – il courra – je courrai – nous courons – il courrait

7 **Dans quelles phrases pourrais-tu employer un futur en gardant le même sens ?**

a. Les hirondelles vont bientôt repartir vers les pays chauds.
b. Les petits ont grandi. Dans quelques jours, ils vont s'envoler du nid.
c. Nous allons à l'entraînement le samedi.
d. Je vais mercredi chez le dentiste.

8 **ORAL**

Peux-tu compléter ces proverbes ?

Petit poisson ... grand.
Qui rit vendredi, dimanche ...

J'écris 

9 **Invente des phrases sur le même modèle que celles-ci.**

Quand je serai grand, dit le crocodile, j'aurai des dents terribles...
Quand nous serons grandes, disent les girafes, ...

10 **Comment t'imagines-tu en 2025 ? Écris un petit texte pour répondre à cette question. Emploie des verbes au futur.**

11 **Continue le texte en écrivant au moins trois phrases au futur.**

Hier, nous voyagions en diligence. Aujourd'hui, nous voyageons en train, en voiture ou en avion.

Demain, ...

Le petit atelier

Quiz

Par deux, avec le grand groupe

Chaque élève propose à tour de rôle une affirmation à propos du futur. Quand l'un affirme quelque chose, l'autre doit dire si cette proposition est **vraie** ou **fausse**. Si elle est **fausse**, il doit la corriger.

Quelques exemples d'affirmations sur le futur :
– Avec *je*, la terminaison est toujours *-ai*.
– Les terminaisons des verbes en *-er* sont différentes des terminaisons des autres verbes.
– Avec *tu*, on doit toujours mettre un *-s*, comme à l'imparfait.

13

J'emploie les verbes à l'impératif

J'observe

1 **Imagine que tu es le père ou la mère. Que pourrais-tu dire encore ?**

2 **Les verbes des bulles sont à l'impératif. À quoi sert l'impératif ?**

3 **Ouvre ton livre page 174. Écris les formes du verbe danser et celles du verbe mettre au présent et à l'impératif. Compare-les. Que remarques-tu ?**

Je retiens

- Quand on veut dire à quelqu'un de faire quelque chose, quand on donne un **ordre** ou une **consigne**, on peut employer **l'impératif**.
- L'impératif a seulement **trois personnes** :

Ex. : écoute, écoutons, écoutez
finis, finissons, finissez
viens, venons, venez

- Quand une phrase est à l'impératif, on peut mettre un point d'exclamation (!) à la fin.
Ex. : Servez-vous !

Tableaux de conjugaison pages 172 à 176

Je m'entraîne

4 **Repère les deux verbes qui ne peuvent pas être des impératifs.**

prends – viens – écoutes – vas – regarde – éteins

5 **Complète les phrases avec des verbes à l'impératif.**

a. ... bien !
b. ... vite !
c. ... doucement !

Je lis 

6 **Où peux-tu trouver les phrases suivantes ?**

a. Laissez reposer la pâte pendant une heure.
b. Chasse l'intrus.
c. Introduisez les piles selon les indications du schéma.
d. Délimitez le terrain à l'aide de quilles.
e. Retournez à la case départ.
f. Pensez à nous, roulez tout doux !

Est-ce que toutes ces phrases expriment des ordres ? Explique ta réponse.

7 **ORAL**

Lis les phrases suivantes à haute voix . Choisis bien ton intonation.

a. Remboursez ! Remboursez !
b. Faites un peu attention !
c. Prenez plutôt celui-ci.
d. Vends ta maison !
e. Écoutez cette chanson !

J'écris 

8 **Écris la consigne de cet exercice, puis fais-le.**

....

nuit ➨ huit
poule ➨ ...
table ➨ ...
carte ➨ ...

9 **Voici quelques conseils en images. Traduis-les en phrases en employant des verbes à l'impératif.**

Trouve un autre conseil que tu pourrais donner. Écris-le et dessine-le.

Le petit atelier

Je repère et je compte...

Seul(e)

Compte les verbes à l'impératif de la **page 49** de ton livre. Compare le nombre que tu as trouvé avec celui de ton voisin ou ta voisine.

Bilan

Je sais reconnaître

- un verbe ;
- le sujet d'un verbe ;
- les temps de la conjugaison.

1 À quels verbes te font penser les dessins suivants ? Écris-les à l'infinitif.

2 Repère les 4 formes verbales qui sont cachées dans cette grille. Recopie-les en ajoutant un sujet possible et emploie-les dans des phrases.

P	A	R	L	I	O	N	S
A	S	D	V	R	L	U	M
R	O	D	S	A	P	A	L
S	E	J	D	I	T	E	S

3 HISTOIRE

Relève les 5 verbes conjugués du texte. Indique leur temps.

On a pu déterminer l'alimentation des dinosaures en observant leurs dents : des dents coupantes et pointues indiquent que le dinosaure mangeait surtout d'autres animaux ; des dents plus larges indiquent que le dinosaure se nourrissait surtout de plantes.

4 Complète la phrase pour expliquer ce qu'est un verbe.

Le verbe...

5 Cherche la solution des devinettes.

a. Je suis un temps du passé.
Je suis fait avec deux mots.
Qui suis-je ?

b. J'ai seulement 3 personnes.
On me trouve souvent dans les recettes de cuisine.
Qui suis-je ?

6 Complète les phrases avec la forme correcte du verbe rêver.

a. Ce n'est pas possible ! Il a...
b. Non, c'est vrai ! Je l'ai vu ! Je ne... pas.
c. Il ne faut pas...

7 GÉOGRAPHIE

Relève les verbes conjugués du texte avec leurs sujets.

Les volcans

Quand un volcan se réveille, la lave brûlante descend les flancs de la montagne. Elle recouvre tout. La coulée de lave peut mesurer jusqu'à 100 kilomètres de long.

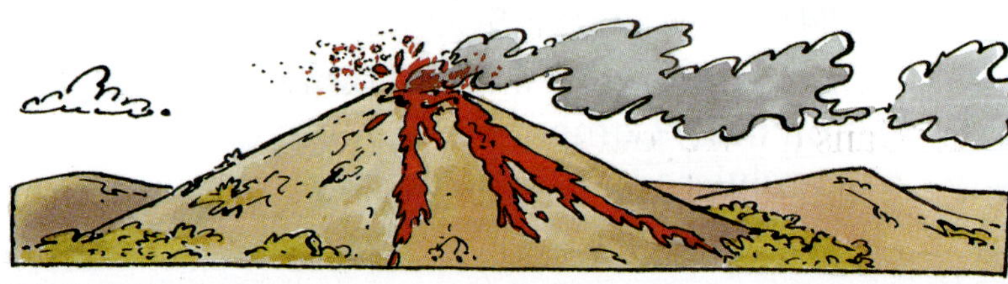

Je sais faire

- je sais accorder le verbe avec son sujet ;
- je sais employer les temps de la conjugaison.

8 **Écris des phrases qui auront pour sujets les personnages des dessins. Réécris ensuite ces phrases en mettant le sujet au pluriel.**

9 **La personne qui a écrit est-elle un garçon ou une fille ? Relève le mot qui te permet de répondre.**

Quand nous sommes entrées dans la piscine,
j'ai vu qu'il y avait beaucoup de monde.
Tous les parents et les amis étaient là.

10 **Cherche un sujet possible pour chacune des phrases. Écris-le.**

a. ... est tombée cette nuit à gros flocons.
b. ... doivent être brossées régulièrement.
c. ... sont partis à l'aube.
d. ... est cassé, malheureusement.

11 **Complète les phrases.**

a. Quand le vent souffle fort, ...
b. Comme les invités étaient tous arrivés, ...
c. Dans quinze jours, ...
d. Cette fois-ci ..., la prochaine fois ...

12 **Complète les légendes de ces 2 dessins :**
Autrefois..., aujourd'hui

13 **Écris correctement les verbes entre parenthèses.**

Vilain défaut

Au Canada, un ours noir très gourmand a détruit trois fois la porte d'une boulangerie pour voler des gâteaux ! Il (venir) de la campagne voisine où (vivre) des centaines d'ours. Le boulanger (installer) une porte plus solide et le gouvernement (poser) un piège avec du miel afin de capturer le voleur.

Astrapi, n° 535, 1er septembre 2001.

14 **Voici un exercice réussi par un élève. Quelle était la consigne de cet exercice ? Écris-la en employant un verbe à l'impératif.**

La moitié de la population du monde vit actuellement dans des villes. 32 villes abritent aujourd'hui plus de 10 millions d'habitants (5 fois plus que Paris). Trois villes ont même plus de 20 millions d'habitants : Tokyo, Mexico et São Paulo.

15 **Réécris ces titres de journaux en employant à chaque fois un verbe conjugué.**

a. Retour de la navette spatiale aujourd'hui.
b. Fermeture du musée pour travaux.
c. Ce week-end, grande braderie au centre ville.

JE ME CREUSE LA TÊTE

LES SOLUTIONS

Page 37

12

Boulanger est le seul mot qui ne peut pas être un verbe.

13

Le corbeau **croasse**.
La pie **jacasse**.
La chouette **hulule**.
Le tigre **feule**.

Page 41

15

Personne ne se cache derrière ces pronoms ***il*** !
C'est une formule toute faite !
On dit que *pleuvoir* est un verbe impersonnel : cela veut dire que le pronom ne désigne personne.
Neiger, venter...sont aussi des verbes impersonnels : *il neige, il vente*...

Page 45

17

Non, il s'agit à chaque fois de 2 verbes différents :
– **suivre** les conseils, et **être** content ;
– **peindre** un bateau, et **se peigner** avant de sortir.

Page 49

16

La phrase 2 est fausse.

Orthographe

14 Je manipule les sons

J'observe

1 **Dans les mots suivants, chaque lettre correspond à un son. Trouve ces sons.**

papa – fil – mer – bec – dix – loto – café – sac

2 **Observe le tableau des sons, page 170. Réponds ensuite aux questions.**

a. Combien de sons y a-t-il dans le tableau ?
b. Cherche un son qui s'écrit presque toujours de la même manière.
c. Cherche un son qui peut s'écrire de plusieurs façons différentes.
d. À quoi ce tableau va-t-il te servir ?

3 **Vrai ou faux ? Pour répondre, observe le tableau, page 170.**

a. Il y a 2 manières d'écrire le son [l].
b. Le son [f] s'écrit toujours de la même manière.
c. *ou* se prononce toujours [u].
d. La lettre *e* se prononce toujours de la même manière.

4 **Sur quoi peut-on hésiter quand on écrit les mots qui désignent ces objets ? Pourquoi ? Écris les mots, puis vérifie dans un dictionnaire.**

Je retiens

- Quand on écrit des mots, on transcrit des sons avec des lettres. Il y a environ **33 sons** en français, et il y a **26 lettres**.
- Quelques sons s'écrivent presque toujours de la même manière :
  Ex. : le son **[v]**, comme dans ***voiture***.
- Mais pour la plupart des sons, il y a plusieurs écritures possibles :
  Ex. : le son **[o]** s'écrit ***o, ô, au, eau***.

Je m'entraîne 

5 **Repère les mots où chaque lettre correspond à un son.**

six – toujours – longtemps – sportif – album
Trouve à ton tour un mot où toutes les lettres se prononcent.

6 **Complète les séries avec au moins deux mots. Aide-toi d'un dictionnaire.**

a. un chap**eau**, un gât**eau**, un cad**eau**, ...
b. un j**eu**, h**eu**r**eu**x, ...
c. le v**en**t, **en**lever, ...
d. un éléph**an**t, d**an**s, ...

7 **Pour chaque série, trouve un mot où le son s'écrit d'une autre manière.**

a. la n**e**ige – la p**a**ix – ...
b. un m**o**t – une ph**o**t**o** – ...
c. **s**ortir – la pla**c**e – ...
d. pa**y**er – un p**i**ed – ...

8 **Trouve deux mots dans lesquels le même son s'écrit de deux manières différentes. Écris-les.**

Le petit atelier

Le relais des syllabes

En grand groupe

Le premier élève dit un mot.
Un deuxième élève cherche un mot qui commence comme la dernière syllabe du premier mot. Et ainsi de suite.
Ex. : ta**tou** ➡ **tou**sser ➡ **sé**parer...

Les prénoms

Seul(e), avec le grand groupe

Combien de lettres y a-t-il dans ton prénom ? Pour combien de sons ?

Je lis 

9 HISTOIRE

Connais-tu les mots suivants ?
Entraîne-toi à les prononcer le plus rapidement possible.

Cherches-en d'autres et va les écrire au tableau.
Tes camarades devront les lire !

archéoptéryx – ptérodactyle – iguanodon – ptéranodon

10 Entraîne-toi à lire ces phrases à haute voix le plus vite possible.

a. Quatre coquets coqs croquaient quatre croquantes coquilles.
b. Trois tortues trottaient sur trois étroits toits.
c. Un pêcheur pêchait sous un pêcher.
Le pêcher empêchait le pêcheur de pêcher.
d. Prends le panier sur le piano.
e. Je veux et j'exige d'exquises excuses.

11 LITTÉRATURE

Repère les « mots tordus » de ce texte.

À n'en pas douter, le prince de Motordu menait la belle vie. Il habitait un chapeau magnifique au-dessus duquel, le dimanche, flottaient des crapauds bleu blanc rouge qu'on pouvait voir de loin. Le prince de Motordu ne s'ennuyait jamais. Lorsque venait l'hiver, il faisait d'extraordinaires batailles de poules de neige. Et le soir, il restait bien au chaud à jouer aux tartes avec ses coussins.

Pef, *La Belle Lisse Poire du prince de Motordu*, « Folio Benjamin », Gallimard Jeunesse, 1980.

12 ORAL

Lis les phrases à haute voix.
Comment prononces-tu les -ent et pourquoi ?

a. Les serpents glissent silencieusement entre les hautes herbes.
b. Des vents violents retardent le départ des concurrents.

J'écris

13 **Trouve un mot qui rime avec ton prénom, puis écris une phrase.**

Ex. : Je m'appelle Sabrin**a**,
et j'aime beaucoup le chocol**at**.

14 **Continue avec d'autres sons, et tu obtiendras une recette de sorcière.**

abracadabr**a**, le cerveau d'un r**a**t
abracadabr**i**, une patte de sour**i**s
abracadabr..., ...

15 **Les mots de cette grille contiennent tous un même son.**

A.	Le contraire de froid.
B.	Dans cette grille, il y en a cinq.
C.	Bondir.
D.	Animal à deux bosses.
E.	Il faut en boire beaucoup.

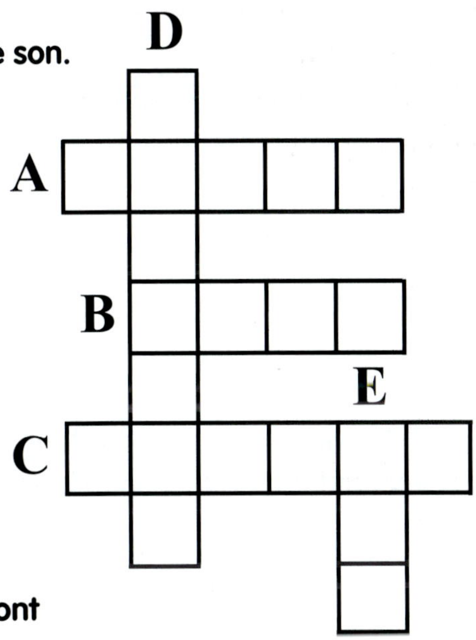

16 **Choisis un son dans ta tête. Invente une phrase dont tous les mots (les noms, les verbes et les adjectifs) contiennent ce son. Écris-la, puis lis-la à haute voix à tes camarades. Pour trouver les mots, tu peux t'aider d'un dictionnaire.**

Ex. : Tranquillement, l'escargot se cache dans sa coquille.

JE ME CREUSE LA TÊTE

17 **Quels sons entends-tu dans le mot femme ?**

18 **Pourquoi le mot shampooing s'écrit-il de cette manière ?**

15 Je manipule les lettres

J'observe 

1 **Utilise des lettres de la liste ci-contre pour faire un mot. Va l'écrire au tableau. Combien de lettres as-tu utilisées ? Pour combien de sons ?**

2 **Écris les lettres de l'alphabet qui manquent dans la liste de l'exercice 1.**

3 **Cherche des mots contenant ces lettres. Écris-les.**

... P ...
... A ...
... S ...
... T ...

4 **Trouve un mot très court et un mot très long. Écris-les. Tu peux t'aider d'un dictionnaire.**

5 **Recopie les mots suivants. Colorie les lettres que tu n'entends pas.**

le temps – le doigt – le galop – le bord
une poupée – toujours

6 **Dans la phrase suivante, les lettres en gras sont des lettres qu'on n'entend pas. À quoi servent-elles ?**

Les méchant**s** requin**s** mange**nt** les petit**s** poisson**s**.

Je retiens

- Pour écrire les **mots**, on utilise des lettres. Dans les mots, la plupart des **lettres** servent à écrire des sons : on les prononce, et on les entend.
- Mais, attention ! Il y a aussi dans les mots **des lettres que l'on ne prononce pas et que l'on n'entend pas.**

Par exemple :
- les **s** et les **x** du pluriel ;
- les lettres des **terminaisons** des verbes ;
- les lettres qui viennent de l'histoire du mot : le doi**gt**, toujour**s**.

Je m'entraîne

7 **Change une lettre pour trouver à chaque fois un autre mot.**

pain – foin – glace – mère – pile – vide – porc

8 **Ajoute une lettre pour trouver à chaque fois un autre mot.**

par – ton – pain – sa – dans

9 **Supprime une lettre pour trouver à chaque fois un autre mot.**

vain – pain – soie – parc

10 **Change l'ordre des lettres pour trouver d'autres mots.**

Ex. : chien ➡ niche

génie – loin – loupe – magie – écran – liane

11 **C'est la même lettre qui manque dans les trois mots de chaque ligne. Retrouve-la.**

a.	O – – R I R	– A I M	– A B U L E U X
b.	TE – – E	– AME –	– A – E
c.	L – I	F – U	P – NT

12 **Trouve des mots qui pourraient entrer dans les « silhouettes ». Construis d'autres silhouettes et propose-les à tes camarades.**

Le petit atelier

L'abécédaire de la classe

En grand groupe

Le premier élève cherche un mot pour le A.

Ex. : A comme ***Aventure***

Le deuxième élève enchaîne avec un mot pour le B.

Ex. : B comme ***Bizarre***

Et ainsi de suite jusqu'à Z.

La lettre obligatoire

Seul(e) ou à deux

On tire une lettre au sort. Seul(e) (ou avec une camarade), tu dois trouver rapidement un mot qui contient cette lettre.

Je lis

13 **Lis les mots suivants à haute voix. Comment prononces-tu la lettre e dans ces mots ? De combien de manières différentes ?**

une veste – la mer – une fenêtre – un cheval – un chapeau – une noisette – intelligent – un cheveu – un melon

14 **Toutes les lettres de l'alphabet sont dans ce texte, sauf une. Laquelle ?**

J'arriverai au Mexique, au bord du Pacifique.
Je me ferai bronzer en mâchant des chewing-gums à la chlorophylle !

Hubert Ben Kemmoun, *Tu te trompes, petit éléphant !*, Casterman, 1997.

15 **Qu'est-ce qui ne va pas dans ces phrases ?**

a. Nous avons décoré le lapin.
b. J'aime beaucoup les déserts au chocolat.
c. Mes coussins sont très drôles.
d. Il faut recoudre un mouton.

16 **Comment appelle-t-on ces suites de lettres ? Que veulent-elles dire ? Cherches-en d'autres.**

17 **Choisis dans la liste les exemples qui peuvent illustrer la règle. Trouves-en d'autres.**

rouge – girafe – garçon – pigeon – gonfler

Incroyable ! Comme par un tour de magie
Le G se prononce comme un J
Quand il est devant un E ou un I.

Benoît Marchon, *Mots clés pour réussir ses dictées,* « Les Grands Bonheurs », Actes Sud Junior, 2000.

J'écris

18 **Choisis une lettre. Invente une phrase pour dire à quoi elle te fait penser, puis illustre ta phrase.**

Ex. : Le A monte très haut comme la tour Eiffel.

19 **Comment sont écrits les mots ci-dessous? Choisis toi aussi un mot et écris-le de la même manière.**

Pour commencer, tu peux t'exercer sur les mots suivants :
bougie – soleil – maison – échelle

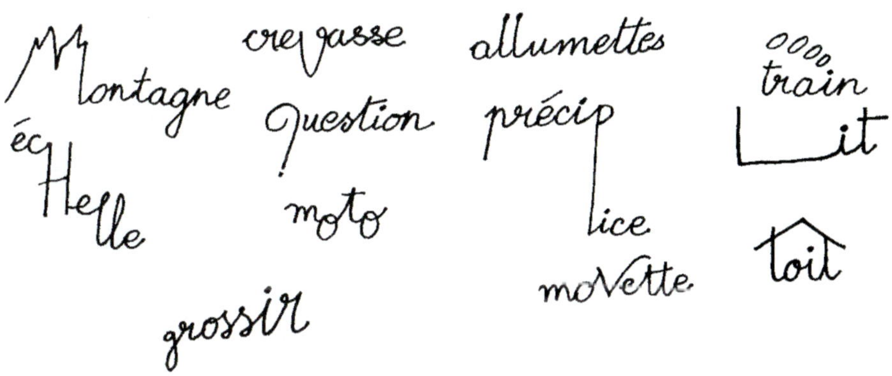

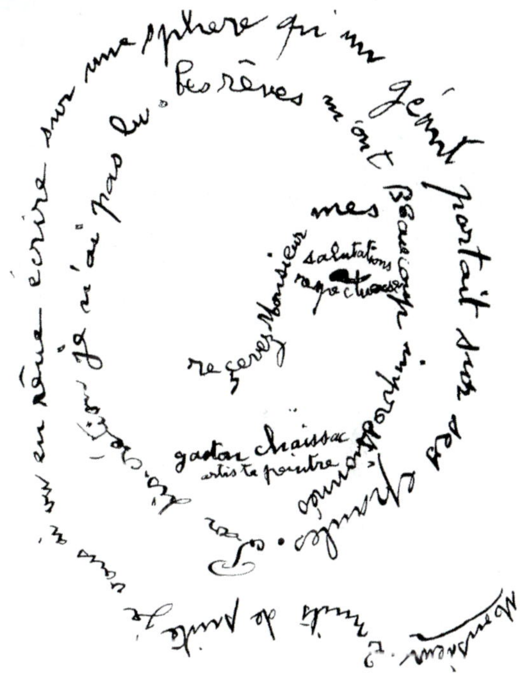

20 **Invente au moins une devinette comme dans l'exemple. Propose-la à tes camarades.**

Ex. : Z - - - E ➡ animal rayé qui vit en Afrique

JE ME CREUSE LA TÊTE

21 **Cherche quelque chose de grand désigné par un mot court. Cherche aussi l'inverse.**

Ex. : **mer** et **papillon**

Je repère les lettres muettes

J'observe

1 Trouve les mots qui correspondent à chacun de ces dessins. Cherche l'intrus de chaque série. Explique tes choix.

2 Lis les mots suivants à haute voix. Repère les lettres que tu ne prononces pas.

vert – le retard – un tapis – le vent – laid – toujours – la pluie

Je retiens

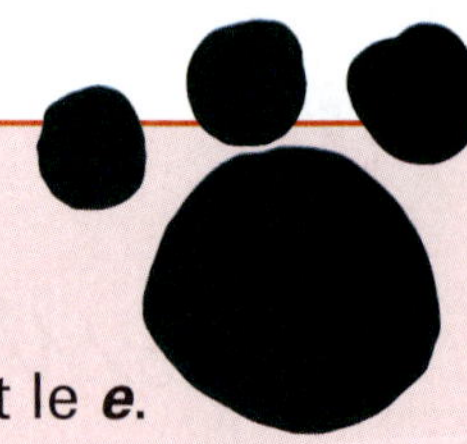

- Il y a souvent des lettres qu'on **n'entend pas**, surtout à **la fin des mots**. Ces lettres viennent de l'origine des mots et de leur histoire.
- Les lettres muettes que l'on trouve le plus souvent sont : le ***d***, le ***t***, le ***s***, le ***x*** et le ***e***.
- On peut parfois « entendre » ces lettres quand on met les mots au **féminin** ou quand on cherche un **mot de la même famille**.

Ex. : ver**t** (ver**t**e)
le regar**d** (regar**d**er)
un tapi**s** (une tapi**ss**erie)
une poupé**e**
deu**x** (deu**x**ième)

Je m'entraîne

3 Trouve la dernière lettre des mots suivants.

un chan... – un bon... – une par... – à traver... – un prê...
un refu... – un souhai... – le ri... – un accro... – le retar...

Voici des mots qui vont t'aider :

refuser – traverser – prêter – partager – une rizière – bondir – chanter – souhaiter –accrocher – retarder

4 Retrouve le mot qui a servi à former les mots suivants. Écris-le et entoure la dernière lettre.

Ex. : épaisseur ➡ épai(s)
sauter – se reposer – la bordure – regarder
grisâtre – la profondeur – un dossier
un abricotier – arrondir

5 Trouve au moins un exemple pour continuer chaque série.

a. grand – un renard – ...
b. un fruit – ouvert – ...
c. une rangée – une bouchée – ...
d. un tas – le verglas – ...

6 Complète les mots suivants. Attention ! Il y a parfois plusieurs solutions possibles. Aide-toi d'un dictionnaire.

bou... – voi... – foi ... – cour... – vin...

Je lis

7 ORAL

Lis à haute voix les mots suivants.

a. un palais – une oasis – un ananas – un atlas – un repas
b. un parc – un lac – un hamac – un croc
c. content – différent – un agent – un appartement – un serpent – elles courent

8 Chasse l'intrus de chaque série. Explique tes choix.

a. tas – radis – bois – repas – refus – épaules
b. prix – peux – croix – choix
c. poupée – rangée – génie – magie – crie – proue

J'écris

9 Écris une phrase où chaque mot commence par la lettre du mot précédent. Lis-la à haute voix. Aide-toi d'un dictionnaire.

Ex. : Ces souris sont très sympathiques.

Attention ! Piège ! « On dit une cafetière », mais café s'écrit sans t à la fin.

Cherche d'autres exemples, avec le *t*, ou avec d'autres lettres.

Le petit atelier

La lettre relais

En grand groupe

Le premier élève dit un mot.
Le deuxième doit trouver un mot qui commence par la dernière lettre du mot précédent et ainsi de suite.
Ex. : printemp**s** - saute**r** - **r**...

17

Je reconnais les homonymes

J'observe

1 **Trouve un classement pour les mots suivants.**

un coup – une patte – une salle – la fin – tant – laid – la pâte – sale – le lait – le cou – la faim – le temps

2 **Dis à haute voix les mots qui correspondent aux dessins. Connais-tu d'autres mots que tu prononces de la même manière, mais que tu n'écris pas de la même manière ?**

Aide-toi des dessins et d'un dictionnaire.

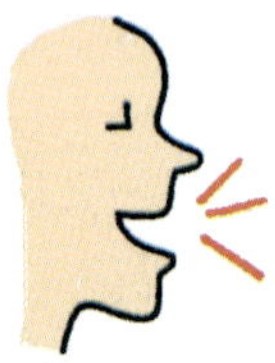
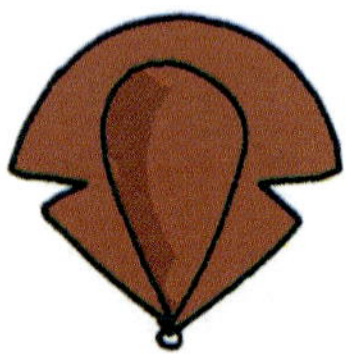

Je retiens

- Il existe des mots que l'on prononce de la même manière mais qu'on n'écrit pas de la même manière.
  Ce sont souvent des petits mots courts. On les appelle des **homonymes**.

  Ex. : le sang – cent – sans

Je m'entraîne

3 **Trouve les mots qui correspondent aux dessins. Écris ensuite un homonyme pour chacun. Tu peux t'aider d'un dictionnaire.**

Je lis

4 **Oui ou non ? Explique tes choix.**

a. Peut-on manger des **poids** ?
b. Peut-on se promener dans un **champ** ?
c. Peut-on mesurer avec un **maître** ?
d. Peut-on fermer son **poing** ?
e. Peut-on mesure avec un **mètre** ?
f. Peut-on voir un **cygne** sur l'étang ?
g. Peut-on cuire le **pin** ?

À ton tour, trouve des questions à poser à tes camarades.

5 **GÉOGRAPHIE**

Repère dans ce texte au moins trois mots qui ont des homonymes.

La France fait partie de l'Europe. Trois de ses côtés ont les pieds dans l'eau. Vers le nord, c'est la Manche et la mer du Nord. À l'ouest, l'océan Atlantique. Au sud, la Méditerranée.

J'écris

6 **Écris une phrase en employant au moins deux homonymes.**

Ex. : Il était une fois dans la ville de Foix...

7 **Choisis deux homonymes dans ta tête. Invente une devinette pour tes camarades. Une fois qu'ils ont deviné, va écrire les deux mots au tableau.**

Ex. : Pour *port* et *porc* :
– Les bateaux le quittent.
– Synonyme de cochon.

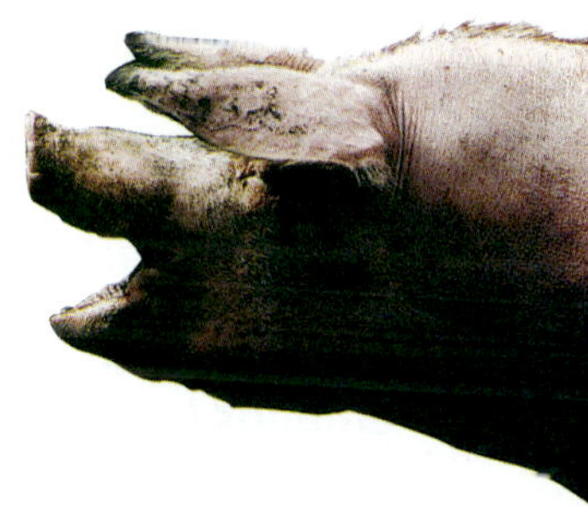

Chasse l'intrus. Les mots en gras ne sont pas tout à fait des homonymes. Pourquoi ?

Les moutons sont dans le **pré**.
Nous sommes **prêts**.

Le petit atelier

Le bon mot

Seul(e), avec le grand groupe

Cherche dans ta tête un mot qui, à ton avis, a un homonyme. Va l'écrire au tableau.

Tes camarades devront trouver l'homonyme de ton mot.

18 J'écris le son [s]

J'observe

1 **Observe les cinq séries de mots. Quel est le point commun de chaque série ?**

un sapin	danser	un hérisson	voici	une leçon
sombre	une histoire	assez	la glace	le français
Superman	un monstre	dessiner	la chance	une balançoire
un signe	descendre	la classe	le ciel	un garçon
le sel	traverser	passionnant	un cygne	un glaçon

2 **MATHÉMATIQUES**

Écris les mots qui correspondent au signe de ces opérations.
Quel est le point commun de ces 3 mots ?

$33 + 15 = 48$
$9 \times 9 = 81$
$222 - 21 = 201$

3 **Fais la liste de toutes les façons d'écrire le son [s].**

4 **Écris un (ou plusieurs) prénom(s) où tu entends le son [s].**

5 **Vrai ou faux ? Explique ta réponse.**

Pour écrire le son [s] :

a. On trouve la lettre **s** devant toutes les voyelles.
b. On trouve la lettre **c** devant toutes les voyelles.
c. On trouve **ss** entre deux voyelles.
d. On peut commencer un mot par **ss**.

Je retiens

Le son [s] peut s'écrire de différentes façons.

- On trouve la lettre ***s*** (au début d'un mot ou à côté d'une consonne).
  Ex. : un **s**apin, une hi**s**toire
- On trouve ***ss*** (au milieu des mots, entre deux voyelles).
  Ex. : un héri**ss**on
- On trouve ***c*** (devant e, i et y), ***ç*** (devant a, o et u).
  Ex. : voi**c**i, une le**ç**on
- On trouve ***t*** devant un i.
  Ex. : une addi**t**ion

Je m'entraîne

6 **On ne pourrait pas écrire sapin, soleil et Superman avec un c. Pourquoi ?**

7 **Regarde autour de toi. Écris le nom d'un objet où tu entends le son [s].**

8 **Cherche et écris :**

a. le contraire de *facile*
b. le féminin de *gros*
c. le contraire de *fragile*
d. un synonyme de *congé*

9 **HISTOIRE**

Cherche le nom d'un personnage historique où tu entends le son [s]. Écris-le.

Ex. : Vercingétorix

10 **Cherche un mot que tu peux faire avec -ousse et un autre que tu peux faire avec -ace.**

11 **Complète les mots suivants. Vérifie dans un dictionnaire.**

le ...inéma – l'o...éan – le ...ilen…e – un gar...on – gli...er – une pâti...erie – po...ible – le ...irque – l'écor...e – les vacan...es – un rui...eau – des ...éréales

Le petit atelier

Qui suis-je ?

Seul(e), avec le grand groupe

Tous les mots de ces devinettes contiennent le son [s] et la lettre **s**. Écris-les.

Inventes-en d'autres pour tes camarades.

a. Je suis le 9e mois de l'année.
b. Je suis une planète.
d. Je suis un jour de la semaine.
e. Il y en a quatre dans une année.

Je dessine

Seul(e), avec le grand groupe

Au tableau ou sur ton ardoise, dessine un animal ou un objet dont le nom contient le son [s].

Tous les élèves écrivent le mot.

Je lis

12 ORAL

**Lis à voix haute les phrases suivantes.
Essaie d'aller le plus vite possible !**

a. Pour qui sont ces six saucissons secs ?
b. Voici un chasseur sachant chasser sans son chien.
c. Les chaussettes de l'archiduchesse sont-elles sèches, archisèches ?

13 ORAL

**Lis à voix haute les phrases suivantes.
Fais bien attention aux mots en gras.**

a. Le diplodocus est **plus** gros que la souris.
b. Le dauphin a avalé tous les poissons. Il en veut toujours **plus** !
c. Voici un **os** de singe et voici des **os** de rhinocéros.

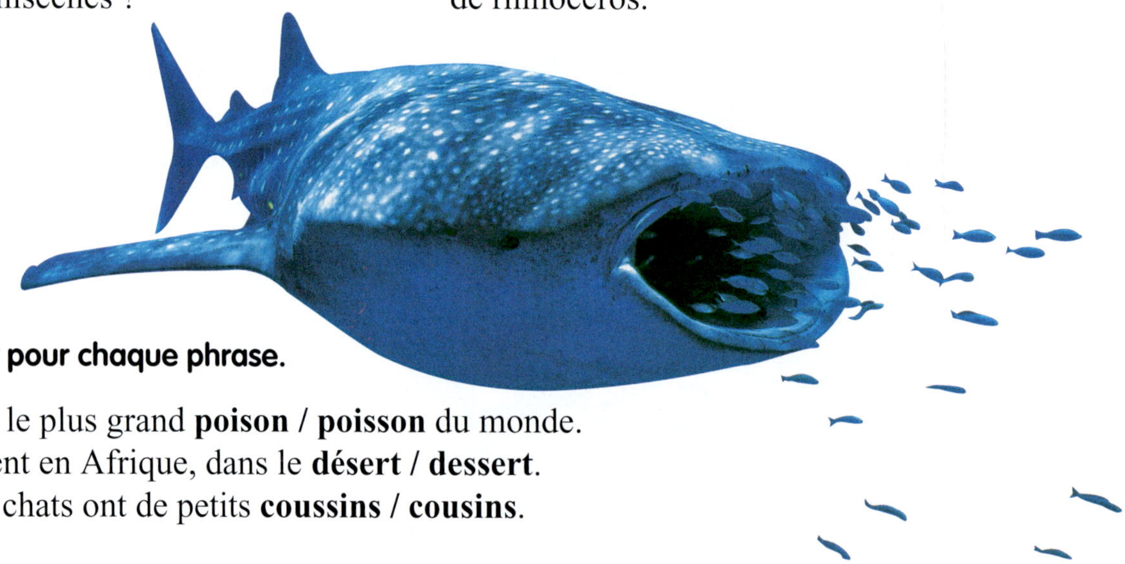

14 **Choisis le bon mot pour chaque phrase.**

a. Le requin-baleine est le plus grand **poison / poisson** du monde.
b. Les dromadaires vivent en Afrique, dans le **désert / dessert**.
c. Sous leurs pattes, les chats ont de petits **coussins / cousins**.

15 GÉOGRAPHIE

Lis le texte suivant, puis réponds aux questions.

Les Esquimaux

Au nord du Groenland, lorsque les chasseurs sont trop loin pour rentrer au village, ils construisent un abri en neige : un igloo. À l'aide d'une scie, ils découpent dans la neige de gros morceaux de glace. Autrefois, ils utilisaient un couteau en os. Ils superposent les blocs en colimaçon, comme la coquille d'un escargot.

Bernard Planche, *Vivre au Groenland avec les Esquimaux,* Gallimard, 1984.

– Compte tous les mots du texte où tu entends le son [s].

– Réponds aux questions et écris le mot de la réponse où tu entends le son [s].

a. Qui construit des igloos ?
b. Avec quel outil construit-on un igloo ?
c. À quoi ressemble un igloo ?

J'écris

16 **Voici dix noms où l'on entend le son [s].**

un ours – une ficelle – Cendrillon – un autobus
une grimace – un cerf-volant – une cigogne
un secret – décembre – le sucre

Écris-les sur des petits papiers que tu plies ensuite en 4. Tire trois papiers au hasard.
Écris une phrase ou une petite histoire avec les trois mots tirés au sort.

17 **Imagine le menu d'un repas où tous les mots contiendraient le son [s].**

Ex. : soupe de légumes ...

18 **Aurélie ne sait pas bien écrire le son [s]. Aide-la en complétant sa carte postale.**

Chère Mamie

Nous ... bien arrivés hier ... à La Rochelle.
Il fait un temps ... et le ... est tout bleu.
... matin, nous avons visité l'aquarium, et ... après-midi, nous allons ... des coquillages. La mer, ...'est ... !
... bises.

Aurélie

JE ME CREUSE LA TÊTE

19 **Cherche un mot où l'on trouve au moins deux fois le son [s].**

Ex. : saucisson

J'écris les noms au pluriel

J'observe

1 **Fais la liste de tout ce que tu vois sur les deux photos et les deux dessins.**

2 **Voici des mots que tu as peut-être utilisés dans l'exercice 1. Observe-les. Certains sont au singulier, d'autres sont au pluriel. Lesquels et pourquoi ?**

le ciel – les nuages – la lune – le soleil
les étoiles – les planètes

3 **Comment fais-tu pour mettre un nom au pluriel ?**

4 **Oublies-tu souvent de mettre le pluriel ? Pourquoi ? Quelle est la réponse qui se rapproche le plus de ce que tu penses ?**

a. Parce que je ne repère pas que les mots sont au pluriel.
b. Parce que je suis un peu étourdi.
c. Parce qu'on n'entend pas le pluriel dans les mots.

5 **Repère dans ces phrases les deux lettres qui servent à marquer le pluriel en français.**

a. Les pompiers ont pu arrêter les feux qui ont démarré hier soir dans les collines.
b. Il paraît que les corbeaux savent compter jusqu'à 8.
c. Blanche Neige avait des cheveux bruns.

Je retiens

- Pour mettre un nom au pluriel, on ajoute **le plus souvent** un ***s***.
  Ex. : des crayon**s**, des fruit**s**, des marronnier**s**, des poule**s**...
- **Certains mots** font leur pluriel en ***x*** :
  – tous les mots en ***-eau*** : des cadeau**x** ;
  – des mots en ***-eu*** : des feu**x**, des cheveu**x** ;
  – 7 mots en ***-ou*** : des bijou**x**, des caillou**x**, des chou**x**, des genou**x**, des hibou**x**, des joujou**x**, des pou**x**.

Je m'entraîne

6 **Parmi les mots suivants, recopie ceux après lesquels il faut mettre un nom au pluriel.**

beaucoup de – ces – un – la – leur – son – leurs – quelques

7 **Les mots suivants sont-ils au singulier ou au pluriel ? Explique ta réponse.**

pays – tapis – héros – nez – prix – bras – mois

8 **Réponds aux questions par des noms au pluriel. Écris-les.**

a. Que vas-tu chercher à la maison de la presse ?
b. Comment se déplaçaient les chevaliers ?
c. Que va-t-on voir dans un zoo ?

9 **Réponds aux questions par des noms au pluriel. Écris-les.**

a. Que mange-t-on dans une pâtisserie ?
b. Que trouve-t-on dans une bijouterie ?
c. Que voit-on dans un port ?
d. Que met-on sur la tête ?
e. Qu'est-ce qui a sauvé le Petit Poucet ?

10 **Cherche :**

– un mot en *-eu* qui prend un *s* au pluriel ;
– un mot en *-ou* qui prend un *s* au pluriel.

Le petit atelier

Quiz

Par deux, avec le grand groupe

Avec ton voisin ou ta voisine, prépare une question qui demande une réponse au pluriel.

Les autres élèves doivent écrire cette réponse.

Ex. : Comment appelle-t-on les fruits du cerisier ?

Inventaire

Seul(e), avec le grand groupe

Cherche, dans un château fort, ce que tu désignes au singulier et ce que tu désignes au pluriel. Va écrire les mots au tableau.

Ex. : **le** donjon, **les** créneaux

Je lis

11 ORAL

**Lis à voix haute les phrases suivantes.
Que remarques-tu ?**

a. Qui vole un **œuf** vole un **bœuf**.
b. On ne fait pas d'omelette sans casser des **œufs**.
c. Dans ce troupeau, il y a des vaches et des **bœufs**.

12 **Comment les expressions suivantes sont-elles construites ?
Pourquoi y a-t-il un pluriel ?
Essaie de trouver un autre exemple.**

une salle de bains – une équipe de joueurs – un panier de fruits – une paire de lunettes – un recueil de poèmes – un paquet de billes

13 ORAL

Lis le texte et relève les noms au pluriel.

Plus de 6 milliards d'êtres humains vivent actuellement sur la planète Terre. Ces 6 milliards d'êtres humains sont tous différents et forment tout de même une seule famille. C'est ce que nous ont appris les savants qui étudient l'histoire de nos ancêtres.

14 **Retrouve les deux phrases qui ont été mélangées.**

escargots – en – désert – leur – il y a – Égypte – le – beaucoup – dos – les – leur – portent – maison – dans – chameaux – sur – de

J'écris

15 ÉDUCATION CIVIQUE

Complète ce tableau des services affiché dans une classe.
Invente une consigne supplémentaire avec un nom au pluriel.

– Ramasser ...
– Distribuer ...
– Effacer ...
– ...

16 TECHNOLOGIE

Écris les mots qui vont servir à légender ce schéma.

...
...
...
...

17 Écris une petite comptine avec au moins trois noms en -ou au pluriel.

Ex. : Les petits hiboux aiment-ils les cailloux ?
Non ! Ils préfèrent les choux !

18 Complète les phrases suivantes avec des noms au pluriel.

a. Dans le système solaire, il y a.......
b. Une année contient........................
c. Une araignée a..................................

JE ME CREUSE LA TÊTE

19 Pourquoi écrit-on des coffres-forts (avec s), mais des perce-neige (sans s) ? des portes-fenêtres, mais des essuie-glace ?

J'accorde les adjectifs qualificatifs

J'observe

1 **Si tu es un garçon, est-ce que tu aurais pu écrire cette annonce ? Pourquoi ? Et si tu es une fille ?**

Biarritz – 9 ans, gaie, sportive, curieuse, passionnée, **cherche** correspondante même profil – département **outre-mer**. **Écrire au journal qui transmettra.**

2 **Complète les phrases avec les adjectifs proposés et explique tes choix. Compare avec ceux de ton voisin ou de ta voisine.**

bleu - bleue - bleus - bleues

a. Isabelle a les yeux ... .
b. Ce bruit énorme m'a fait une peur ... .
c. Les fleurs du lilas sont ... .
d. Ce matin, le ciel était tout ... .

3 **Complète les phrases dans ta tête. Si tu sais écrire l'adjectif, va l'écrire au tableau.**

a. Si le garçon est sympathique, la fille est ... .
b. Si le prince est beau, la princesse est ... .
c. Si le fauteuil est ancien, l'armoire est ... .
d. Si le héros est courageux, l'héroïne est ... .

4 **Repère les adjectifs qui sont au pluriel. Comment as-tu fait ?**

gris – longs – vraie – nouveaux – entiers
gourmand – doux – vieux – bonnes – cher
heureux – sombre – carrées – profonds – fou

Je retiens

- Pour accorder un adjectif avec un nom **féminin**, on ajoute le plus souvent un ***e***.
Parfois, on **entend la différence**, mais **souvent on ne l'entend pas**.
Ex. : une histoire court**e**, une histoire ancienn**e**, une histoire vrai**e**

- Pour accorder un adjectif avec un nom au **pluriel**, on ajoute le plus souvent un ***s***, au masculin et au féminin.
Pour quelques adjectifs en ***-eau***, on ajoute un ***x***.
Ex. : des histoires vraie**s**, des cheveux court**s**, de beau**x** cheveux

Je m'entraîne 

5 **Complète avec le contraire de l'adjectif en gras.**

a. Une porte peut être **ouverte** ou ... .
b. Une personne peut être **triste** ou ... .
c. La fée peut être **gentille** ou ... .
d. Une réponse peut être **juste** ou ... .
e. Une tarte peut être **sucrée** ou ... .

6 **Cherche :**

– un adjectif où on entend la différence entre le masculin et le féminin ;
– un adjectif où le masculin et le féminin s'écrivent de la même manière ;
– un adjectif qui ne change pas quand il passe au pluriel.

7 **ORAL**

Lis à haute voix tous ces adjectifs. Que se passe-t-il quand on passe du masculin au féminin ?

petit / petite – gris / grise – grand / grande – long / longue – gentil / gentille – excellent / excellente – blond / blonde – haut / haute

8 **Réponds par vrai ou faux. Trouve au moins un exemple pour justifier chacune de tes réponses.**

a. Le ***e*** sert à marquer le féminin des adjectifs.
b. Les adjectifs peuvent prendre un ***s*** ou un ***x*** au masculin pluriel.
c. On trouve plus souvent le ***x*** que le ***s*** pour le pluriel des adjectifs.
d. Le ***e*** et le ***s*** se combinent au féminin pluriel.
e. On entend toujours les marques du féminin et du pluriel.
f. Les adjectifs qui se terminent par ***e*** ne changent pas au féminin.

Le petit atelier

Devinettes

Par deux

Deux par deux les élèves choisissent ensemble un objet ou quelque chose dans la nature dont le nom est féminin.

Ils cherchent ensuite au moins deux adjectifs qui peuvent le qualifier.

Ils écrivent ces adjectifs au tableau.

Les autres élèves doivent deviner le mot choisi.

Ex. : Elle est **bleue**, **verte** ou **grise**. Elle est **calme** ou **agitée**.
(*La mer*)

Je lis

9 Dans le petit texte suivant, cherche :

- un adjectif où on entend le féminin ;
- un adjectif où on voit le féminin, mais où on ne l'entend pas ;
- un adjectif où on ne voit pas le féminin.

Les bonnes choses

La cerise est rouge, sucrée, ferme ou plus fondante, juteuse, parfumée. Les cornichons, eux, sont verts, bien fermes, un peu âpres au goût. Quant à la pomme, elle peut être rouge, jaune ou verte, légère ou dense, sucrée ou acide.

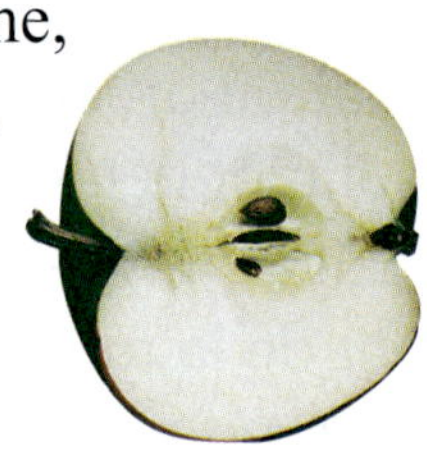

10 Trouve qui se cache derrière le mot en gras.

a. Nous avons fait un tour de stade. **Nous** sommes bien essoufflées.
b. **Nous** sommes très contents de la visite.
c. Êtes-**vous** intéressés par cette émission ?
d. **Je** suis triste de ce qui est arrivé.

11 GÉOGRAPHIE

Replace les adjectifs dans le texte.
Explique tes choix.

bleue – terrestre – brûlantes – belle – liquides

La Terre, notre planète

Le centre de la Terre est fait de roches … et son enveloppe s'appelle la croûte … : elle est …, mais … De loin, notre planète a une … couleur … : c'est à cause des océans et des mers qui forment les trois quarts de sa surface.

J'écris

12 **Rédige une petite annonce pour vendre cet objet extraordinaire.**
Pour cela, cherche des adjectifs qui montrent ses qualités et ses avantages.

13 SCIENCES

En quatre ou cinq lignes, écris le portrait de cet animal.
Dans ce portrait, tu dois employer au moins trois adjectifs qualificatifs et les accorder correctement.

Pour t'aider, réfléchis à ce que tu peux dire :
- de sa silhouette ;
- de sa tête ;
- de ses couleurs ;
- de sa peau.

14 **Invente un menu où les noms des plats seront accompagnés d'un adjectif qualificatif.**

Ex. : Dessert : omelette norvégienne.

JE ME CREUSE LA TÊTE

15 **Choisis une ville et cherche l'adjectif qui correspond à son nom.**
Échange tes idées avec tes camarades.

Ex. : l'accent **marseillais**, la baguette **parisienne,** le biscuit **nantais,** le cassoulet **toulousain**...

Bilan

Je sais reconnaître

- les sons et les lettres qui servent à écrire ces sons ;
- les lettres muettes ;
- les homonymes.

1 **Écris les noms des animaux dessinés. Quel est le son que l'on retrouve dans ces 3 noms ? Comment s'écrit-il ?**

2 **Cherche et écris :**

– le nom d'un objet où on entend le son [s] ;
– le nom d'un arbre où on entend le son [ɛ] ;
– le nom d'un animal où on entend le son [ʃ].

3 **Trouve 2 mots dans lesquels le son [ɛ̃] s'écrit de deux manières différentes. Écris-les.**

4 **Trouve 4 mots pour compléter la phrase. Ils doivent tous contenir la lettre e.**

L'un des ... préférés des ... indiens ... le ...-volant.

5 **Trouve 3 mots qui commencent par la lettre g. Écris-les.**

6 **Trouve 3 mots qui se terminent par la lettre t. Écris-les.**

7 **Trouve des mots de 3, 4, 5, 6 et 7 lettres pour remplir les lignes vides.**

à
d o
• • •
• • • •
• • • • •
• • • • • •
• • • • • • •
r u i s s e a u

8 **On a remplacé chaque consonne par la suivante dans l'alphabet. Retrouve les mots et écris-les.**

A S C S E – J I T V O I S E – C S I M M E S

9 **À quelles pages de ton dictionnaire as-tu trouvé les mots qui correspondent à ces dessins ? Entre quels mots ?**

10 **Recopie les mots suivants et colorie les lettres qui ne se prononcent pas.**

bonheur – lac – vingt – hibou – génie – toux – rond

Je sais faire 

- je sais écrire les sons ;
- je sais accorder le verbe avec son sujet ;
- je sais accorder l'adjectif avec le nom ;
- je sais mettre les noms et les adjectifs au pluriel.

12 **Trouve un exemple pour illustrer cette règle.**

Certains noms prennent un *x* au pluriel.

13 **Réécris les phrases suivantes en mettant les noms au pluriel.**

a. C'était un beau petit cheval.
b. J'ai reçu un magnifique cadeau.
c. Le marteau est fait pour planter un clou.

14 **Trouve 2 adjectifs pour accompagner chaque nom en gras. Écris les nouvelles phrases.**

a. Prenez vos **cahiers**.
b. On remarquait tout de suite ses **cheveux**.
c. Elle s'est acheté une **voiture**.
d. Le magasin se trouve dans une **rue**.

15 **HISTOIRE**

Réécris le texte en commençant par Les paysans... Compte les mots qui ont changé.

Le paysan travaille sur les terres du seigneur. Il lui paie des impôts et lui donne une partie de ce qu'il récolte. Il aide aussi à entretenir le château, les fossés, les chemins...

11 **Les mots qui manquent contiennent tous la lettre s. Retrouve ces mots et écris les phrases.**

a. Tous les .... du monde ne vont ......à l'école.
b. Dans certains ...., l'école se fait en plein air, ...les arbres.

16 **GÉOGRAPHIE**

Le mot oasis est-il masculin ou féminin ? Relève le mot qui te permet de répondre à cette question.

L'oasis

Les oasis sont des petits territoires organisés autour d'un point d'eau. Grâce à des puits, l'oasis peut être cultivée : les palmiers-dattiers et les figuiers protègent du soleil les plantations de fruits et de légumes.

Éric Mathivet, *Tout autour de la Terre*, « L'encyclopédie Larousse des 6/9 ans », Larousse, 2000.

17 **Repère les mots qui peuvent aller ensemble et retrouve les deux phrases qui ont été mélangées.**

le – vibrisses – très – les – chat – s'appellent – fine – une – moustaches – du – ouïe – a – les – chat

LES SOLUTIONS

Page 63

17

Prononce le mot *femme*. Tu entends 3 sons : [f] puis [a], puis [m].
Tu entends donc le son [a], mais sans voir la lettre a.

18

Le mot *shampooing* s'écrit de cette façon parce qu'il est d'origine anglaise *(shampoo)*.

Page 67

21

Comme mot court (1 syllabe) désignant quelque chose de grand, il y a, par exemple, le ciel.
Comme mots longs (2 ou 3 syllabes) désignant quelque chose de petit, tu peux trouver une *goutte*, un *insecte*, une *molécule*.

Page 69

*un piano , piano**t**er*
*un cauchemar, cauchemar**d**er*
*le bras , un bra**c**elet*

Page 71

Les 2 voyelles ne se prononcent pas de la même manière.
Le mot *pré* se prononce avec le *é* de *été*.
Le mot *prêt* se prononce avec le *ê* de *rêve*.

Page 75

Il y a beaucoup d'autres mots. Par exemple : *une sorcière, des salsifis, une source.*

Page 79

19

D'abord, *perce* et *essuie* sont des verbes, et les verbes ne prennent pas de « s » au pluriel.
Ensuite, on dirait que la fleur qui a ce nom perce **la** neige, et que sur les voitures, on essuie **la** glace (le verre) du pare-brise. Il est donc plus logique de ne pas mettre de « s ».
Mais ce n'est pas une faute d'en mettre à *neige* ou à *glace* au pluriel.

Page 83

15

Le saucisson ***lyonnais*** (de Lyon), *l'équipe* ***brestoise*** (de Brest), *les joueurs* ***lillois*** (de Lille).

Vocabulaire

Je reconnais la classe des mots

J'observe

1 Cherche un mot pour compléter chaque colonne. Quel titre donnerais-tu à chaque colonne ?

finir	élève	bleu	un
visiter	sapin	difficile	leur
voler	mouette	médiéval	cette
savoir	ciel	grand	son
être	addition	vieux	les
faire	village		ce
tomber	touriste		la
	travail		une

2 Invente une phrase en choisissant des mots de l'exercice 1. Dans quelles colonnes as-tu pris des mots ? Pourquoi ? As-tu ajouté d'autres mots ?

3 Avec ton voisin ou ta voisine, cherche dans ton livre les chapitres où l'on parle de ces classes de mots.

Je retiens

Les principales **classes** de mots sont : les **verbes**, les **noms**, les **adjectifs** et les **déterminants**. On les combine pour faire des phrases.

Je m'entraîne

4 Cherche les mots suivants dans ton dictionnaire. Retrouve l'indication de leur classe. Écris-la sur ton ardoise.

mangue – mièvre – caqueter – coquetier
calomnie – facétie – minable – furtif

5 Voici des noms. Cherche les verbes et les adjectifs qui leur correspondent.

la chaleur – le sel – la liberté – une division
un sourire – un habitant

Je lis

6 **Compte les adjectifs dans chacun des deux textes suivants ? Explique la différence.**

> **Dessiner avec des cailloux**
>
> **Matériel** :
> – Cailloux
> – Crayon
> – Carton rigide
> – Gomme adhésive
>
> **À toi de jouer**
> Ramasse des petits cailloux au cours d'une promenade. Dessine un animal, un oiseau ou tout autre chose sur le carton.
> Colle les cailloux à l'intérieur du contour pour obtenir une mosaïque.

Ruth Thomson, *Les quatre saisons, Le printemps*, « Mes premières activités manuelles », Éditions Fleurus, 1994.

Le kangourou

Le kangourou a deux pattes arrière très longues avec des pieds immenses, une toute petite tête et des oreilles pointues comme celles d'un lapin. Quand il est debout, il est plus grand qu'un homme.

J'écris

7 **TECHNOLOGIE**

Voici un schéma pour fabriquer un masque.

a. Fais la liste du matériel dont tu vas avoir besoin.

b. Fais la liste des actions nécessaires pour le fabriquer.

c. Quelles classes de mots as-tu utilisées à chaque fois ?

Maintenant, tu peux te fabriquer un masque en le décorant à ta guise.

Certains de ces mots peuvent appartenir à deux classes différentes. Lesquels ?

tulipe – marche – nuage – marron – ferme

Le petit atelier

Une lettre, un mot

Par deux

Cherchez :
- un **verbe** qui commence par un ***I*** ;
- un **adjectif** qui commence par un ***J*** ;
- un **nom** qui commence par un ***H***.

Continuez l'exercice en inventant d'autres consignes du même type pour vos camarades.

22 Je cherche le sens d'un mot

J'observe 

1 **Connais-tu le mot tégénaire ?**

Avant de chercher dans un dictionnaire, pose-toi les questions suivantes :

Est-ce que c'est un gros animal ?

Est-ce que c'est un animal agréable ?

Je retiens

Quand on ne connaît pas le sens d'un mot, on a intérêt, d'abord, à chercher des **indices** dans le **contexte**.

Ex. : Une tégénaire est un petit animal pas très agréable. ➡ une araignée

Je m'entraîne 

2 **Si tu lis attentivement les phrases suivantes, tu dois pouvoir deviner le sens des mots en gras. Vérifie tes hypothèses dans un dictionnaire.**

a. Le séquoia New Tree, en Californie, **culmine** à 111 mètres. C'est aujourd'hui le plus grand arbre du monde.

b. L'attrape-mouche, ou dionée, est une plante **carnivore,** qui, pour se nourrir, capture de petits insectes.

c. Christophe a le pied dans le plâtre : il s'est cassé **l'astragale** pendant les vacances.

3 **As-tu déjà rencontré ces mots ? Dans quelles matières ? Si tu ne les connais pas, cherche leur sens.**

un mâchicoulis – un portulan – une chrysalide

Je lis 

4 SCIENCES

Explique les titres des petits textes suivants.
Comment as-tu fait ?

Camouflés toute l'année

Il est difficile de voir un animal qui prend la même couleur que son environnement. L'été, les renards arctiques sont marron, l'hiver, quand il neige, ils deviennent blancs.

Sandie Sowler, *Un animal qui se camoufle*, « Qui suis-je ? », Gallimard, 1993.

Un sosie presque parfait

Avec ses rayures jaunes et noires, cette mouche ressemble à une guêpe, mais elle n'a pas de dard. Comme elle, elle se nourrit de fleurs et de fruits mûrs.

Sandie Sowler, *Un animal qui se camoufle,* « Qui suis-je ? », Gallimard, 1993.

5 SCIENCES

Lis attentivement le texte suivant.
Choisis ensuite la bonne définition du mot satellite.

Parmi (les) 9 planètes qui tournent autour du Soleil, se trouve celle que nous connaissons bien et que nous habitons : la Terre. La Terre a une compagne qui tourne autour d'elle : la Lune. C'est pourquoi la Lune est appelée le satellite naturel de la Terre.

P. Testard-Vaillant, A. Alter et E. Mercier, *La famille du Soleil*, « L'encyclopédie buissonnière », Nathan, 1992.

a. Un satellite est une planète, comme la Terre.
b. Un satellite est une étoile, comme le Soleil.
c. Un satellite est un astre qui tourne autour d'une planète.

J'écris 

6 Le mot mystère.

Voici des mots que tu ne connais probablement pas.
Choisis-en un avec ton voisin ou ta voisine. Cherchez son sens dans un dictionnaire.
Écrivez ensuite un petit texte (deux phrases minimum) pour employer ce mot.
Vous lirez votre texte à la classe qui devra deviner le sens du mot d'après le contexte.

Ex. : Elle est toujours de bonne humeur et raconte des **coquecigrues**.
➡ coquecigrues : blagues, plaisanteries

Mots à choisir (ou à tirer au sort) :
clepsydre – escarcelle – crépuscule – abasourdi – polyglotte – tintinnabuler – zénith – stratagème – calembredaines – funambule – marmaille – métamorphose – atmosphère – polyglotte – labyrinthe – zigoto

On a mélangé les syllabes de deux mots. Retrouve-les.

chon ca ba bi lu gi

23 J'explore tous les sens des mots

J'observe

1 **Comprends-tu les phrases ? Que penses-tu des dessins ?**

2 **Cherche d'autres mots qui ont plusieurs sens. Tu peux chercher des noms, mais aussi des verbes et des adjectifs. Aide-toi d'un dictionnaire.**

Je retiens

Comme *souris* ou *ampoule,* les mots de notre langue ont souvent deux ou **plusieurs sens** différents.

Je m'entraîne

3 **Quel point commun vois-tu entre les deux sens du mot que tu as choisi à l'exercice 2 ?**

4 **Cherche un mot qui n'a qu'un sens. Vérifie ton idée dans un dictionnaire.**

5 **Choisis trois mots dans la liste. Trouve le plus de sens possible pour ces mots. Compare avec les sens indiqués dans un dictionnaire. Avais-tu pensé à tout ?**

aiguille – unique – ligne – bouton – bise – frais
dresser – pousser – marcher – voler – quartier

Je lis

6 **À l'école, dans quelles matières rencontres-tu les phrases suivantes ?**

a. Les mares d'eau douce sont des milieux très riches.
b. Trouve le milieu de ce segment.
c. Napoléon est né dans un milieu très modeste.

7 **Explique dans quelles situations on emploie les expressions suivantes.**
Trouve un synonyme pour chacun des verbes.

battre les cartes – envoyer une carte
lire la carte – montrer sa carte

8 **Repère trois mots qui pourraient avoir un autre sens dans un autre contexte.**

Pour fabriquer un livre

La couverture
Prends une feuille de papier de couleur, assez solide, et plie-la en deux.
Les pages intérieures
Prends une feuille blanche et plie-la en deux. Si tu veux plus de 4 pages, reprends une feuille et recommence l'opération. En bas de chaque page, inscris son numéro : 1, 2, 3.

J'écris

9 **Choisis un des mots ci-dessous. Écris une devinette qui tient compte de tous les sens du mot.**

Les autres élèves devront deviner de quel mot il s'agit.
Aide-toi d'un dictionnaire.

Ex. : Il fait de la musique. – Il tient des feuilles ensemble. ➡ Réponse : le trombone

note – lame – tableau – flûte – addition

10 **Choisis dans ta tête un mot qui a plusieurs sens. Fais-le deviner à tes camarades en écrivant une devinette comme celle de l'exercice 9.**

Voici une enseigne de magasn.
De quel genre de magasin s'agit-il ?

LE PALAIS DES GLACES

Le petit atelier

Dessin devinette

Par deux

Choisissez un des mots suivants.
Dessinez au moins deux de ses sens.
En regardant les dessins, les autres élèves doivent deviner de quel mot il s'agit.
un billet – une caisse – une baguette – une aile – un éclair – une pointe – un croissant – la mousse

24 Je repère le sens figuré

J'observe

1 Que veulent dire les expressions dans les bulles ? En connais-tu d'autres du même type ? Avec tes mots, explique comment ces expressions sont faites.

2 Repère les mots qui font image dans les phrases suivantes. Explique ton choix.

a. Le lion est le roi des animaux.
b. Le matin, le soleil se lève. Le soir, il se couche.
c. L'Himalaya est le toit du monde.
d. Il a eu du mal à faire son créneau.

Je retiens

On peut parfois employer les mots pour faire une **image**.
On dit alors qu'on les emploie avec un **sens figuré**.
Ex. : Au sens **propre**, *ours* est le nom d'un animal.
Au sens **figuré**, on l'emploie pour parler de quelqu'un qui n'est pas très aimable.

Je m'entraîne

3 Cherche les mots suivants dans ton dictionnaire. Écris sur ton ardoise l'abréviation qui signale le sens figuré de ces mots. Recopie-la.

creuser – une perle – sombre

4 À quels mots ces dessins te font-ils penser ? Pour chacun, cherche un sens figuré. Aide-toi d'un dictionnaire.

Je lis 

5 GÉOGRAPHIE

Explique le sens propre et le sens figuré des mots en gras.

a. Le système solaire est la **famille** du Soleil.
b. Regarde le schéma « La **ronde** de l'eau ».
c. Les végétaux font partie de la **chaîne** alimentaire.

6

Dans quels livres peux-tu trouver les phrases suivantes ? Reformule-les oralement. Indique le mot qui est employé dans un sens figuré.

a. Dans ce chapitre, tu vas découvrir les multiples visages de la Terre.
b. L'Europe est une mosaïque de pays.
c. Le siège de l'ONU se trouve à New York.

J'écris 

7

Cherche une formulation imagée pour les phrases suivantes en utilisant les mots lune, loup et trou. Dessine-la comme dans l'exemple.

Ex. : Il n'est pas venu. ➡ Il m'a posé un lapin.
a. Je n'arrive pas à me souvenir de son nom. J'ai...
b. J'ai vraiment très faim. J'ai ...
c. Elle était en train de rêver. Elle ...

8

Cherche une expression imagée comme celles de l'exercice précédent. Emploie-la dans un petit texte. Illustre-la.

Ex. : Nous préparons une pièce de théâtre pour le spectacle de fin d'année. ➡ Nous avons du pain sur la planche.

Quand il pleut très fort, les Anglais disent « It rains cats and dogs » (c'est-à-dire « Il pleut des chats et des chiens »), les Espagnols disent « Llueve a cantaros » (c'est-à-dire « Il pleut des cruches »). Trouve au moins une expression imagée pour dire la même chose en français.

Le petit atelier

Le dictionnaire

Par deux

En feuilletant un dictionnaire, repérez un mot qui a un sens figuré. Dites-le à haute voix.

Je cherche des synonymes

J'observe

1 **Cherche deux mots pour désigner chaque objet dessiné.**

2 **Dessine un dragon.**
Cherche des adjectifs pour le qualifier.

Je retiens

- Certains mots veulent dire la même chose (ou presque).
  On dit que ces mots sont des **synonymes**.

  Ex. : une **glace** et un **miroir**
  horrible et **effrayant**
  s'en aller et **partir**

- Il faut toujours penser aux synonymes
  quand on veut **supprimer des répétitions dans un texte.**

Je m'entraîne

3 **Cherche au moins deux adjectifs synonymes pour qualifier une bonne réponse en classe.**

4 **Trouve au moins un synonyme pour les mots suivants. Tu peux t'aider de ton dictionnaire.**

une averse – magnifique – étonné – finir

5 **Peux-tu employer tous ces adjectifs quand tu veux parler d'une histoire qui t'a fait rire ? Explique ta réponse.**

drôle – comique – gaie – joyeuse – humoristique
rigolote – rieuse

Je lis 

6 **Explique pourquoi ces phrases n'ont pas tout à fait le même sens.**

a. Je ne connais pas cette personne. – Je ne connais pas cet individu.
b. As-tu aimé ce livre ? – As-tu aimé ce bouquin ?
c. C'est une vieille maison. – C'est une maison ancienne.
d. La promenade a été fatigante. – La promenade a été épuisante.

7 **HISTOIRE**

Repère deux synonymes dans le texte suivant.
Trouve au moins un autre mot pour désigner les châteaux forts.

Les chateaux forts

Les châteaux forts nous rappellent une époque pleine de dangers où des brigands et des guerriers pillaient les villes et les campagnes. [...]Aujourd'hui, ces forteresses n'ont plus d'utilité, mais tu vois encore leurs murailles en ruine se dresser sur les collines.

Vivre au temps jadis, « Encyclopédie Benjamin », Gallimard Jeunesse, 1996.

J'écris 

8 **Réécris ce texte en supprimant les répétitions du verbe faire.**

Le castor et sa hutte

Le castor fait sa hutte dans l'eau d'un ruisseau ou d'une rivière. Avec des branches, des cailloux et de la boue, il fait un grand tas. À l'intérieur de ce tas, il fait son nid. Pour être plus en sécurité, il fait les entrées sous l'eau.

Qu'appelle-t-on parfois un grain, parfois une drache, selon la région de France où l'on se trouve ?
Pour t'aider : tu as rencontré le mot dans cette leçon.

Le petit atelier

La pêche aux mots

Par deux

Cherchez deux mots synonymes.
Dites à voix haute l'un de ces deux mots. Vos camarades devront trouver l'autre.
Pour avoir plus d'idées, feuilletez un dictionnaire.

J'utilise les mots étiquettes

J'observe

1 **Trouve le mot qui correspond à chaque dessin. Trouve le mot qui correspond à l'ensemble des dessins.**

2 **Cherche oralement les réponses aux questions suivantes.**

a. Que trouve-t-on dans une pharmacie ?
b. Que va-t-on chercher chez le boucher ?
c. Que vend un boulanger ?
d. Que trouves-tu dans une bibliothèque ?

Je retiens

- On dit que les mots *dessert, viande...* sont des **mots étiquettes** : ils servent à regrouper des choses qui ont des points communs, et qu'on regroupe dans une même catégorie.
- On s'en sert quand on veut parler en général d'un **ensemble de choses**.
  Ex. : viande ➡ porc, bœuf, mouton...

Je m'entraîne

3 **Relie chaque animal au mot qui lui correspond.**

une abeille •	• oiseau
une grenouille •	• mammifère
un aigle •	• insecte
une baleine •	• amphibien

4 **Cherche dans ta tête le mot étiquette de chacun des ensembles suivants. Écris-le sur ton ardoise.**

a. fémur – humérus – tibia – cubitus
b. assiette – bol – plat – marmite – casserole fourchette
c. carré – rectangle – losange
d. plastique – coton – bois – fer – laine – nylon terre – verre

Je lis

5 **Repère les mots qui peuvent être des mots étiquettes.**

cachalot – hamster – conifère – muguet – fleur – soleil – cétacé – sapin – oiseau – fruitier

6 **GÉOGRAPHIE**

Voici le sommaire d'un chapitre d'un livre de géographie.

L'Afrique	64
La population	66
Le relief	68
Les milieux de vie	70

Didier Mendibil et Michel Solonel, *Atlas Junior*, Hachette Éducation, 2001.

Dans quels paragraphes penses-tu trouver les renseignements suivants ?

a. Que cultive-t-on en Afrique ?

b. Combien d'habitants y a-t-il sur le continent africain ?

c. Quel est le point culminant de l'Afrique ?

d. Quelle est la température la plus élevée et la température la plus basse en Afrique?

J'écris

7 **Choisis un mot dans ta tête. Écris la définition de ce mot en employant un mot étiquette. Lis ta définition à tes camarades qui doivent deviner le mot choisi.**

Pense aux objets de la vie quotidienne, à des jouets, à des animaux familiers, à des monuments connus...

Ex. : C'est un **outil** qui sert à planter des clous.

Cherche la bonne réponse.

a. La chauve-souris est-elle un oiseau ou un mammifère ?

b. La tomate est-elle un fruit ou un tubercule ?

c. Le dauphin est-il un poisson ou un mammifère ?

Le petit atelier

Top chrono

Par deux

Vous avez, à chaque fois, 2 minutes pour trouver le plus grand nombre possible de :

– pays du monde ;

– départements français ;

– rois de France.

27 Je repère la construction des mots

J'observe

1 **Compare les trois mots en gras. Que remarques-tu ? Comment sont-ils formés ?**
Quel est le point commun des mots de chaque colonne ?

une clef	un **rouge-gorge**	ensoleillé
la Lune	un moulin à café	une jardinerie
un cheval	des perce-neige	**rougir**
un poisson	un vide-greniers	un fleuriste
rouge	cahin-caha	malheureux

2 **Trouve au moins un autre mot construit comme rouge-gorge ou comme moulin à café.**

3 **Choisis un mot de la première colonne et fais-le passer dans la deuxième ou dans la troisième colonne. Que dois-tu faire ?**

4 **Essaie de décomposer les mots suivants :**

empaqueter – une crêperie – réparable – un joueur – un garage

Je retiens

- Il y a des mots que l'on ne peut pas décomposer.
  Ex. : un **oiseau**, une **dent**
- Mais il y a des mots qui sont faits avec des éléments plus petits, que l'on peut décomposer et recomposer, un peu comme un puzzle, avec des **préfixes** et des **suffixes**.
  Ex. : en–soleil–**lé**
- D'autres mots sont faits de deux mots mis l'un à côté de l'autre. Ce sont des **mots composés**.
  Ex. : un rouge-gorge, un moulin à café

Je m'entraîne

5 **Retrouve les mots composés qui ont été mélangés.**

tohu – chou – porte – cerf – fleur – clef – volant
bohu

6 **Continue les séries. Explique tes choix.**

a. un baleineau – un renardeau – un souriceau – ...
b. une boulangerie – une épicerie – ...
c. une fillette – une maisonnette – ...
d. impossible – impoli – ...
e. repartir – repeindre – revoir – ...

Je lis

7 **Compare les mots de chaque ligne, et trouve le sens du préfixe ou du suffixe (en gras).**

a. **dé**faire – **dé**coller – **dés**herber
b. carni**vore** – herbi**vore** – frugi**vore** – omni**vore**
c. **télé**phone – **télé**vision

8 **Explique comment ces mots nouveaux sont construits. Donne-leur une définition.**

le covoiturage – un portable – un restoroute
un micro-trottoir

9 **Les mots qui se ressemblent ne viennent pas toujours du même mot. Cherche l'intrus de chaque série. Explique tes choix.**

a. colle – collage – coller – colline
b. lave – lavage – laverie – laver
c. lait – laiterie – laideur – laitier
d. bête – bêtise – betterave – bestiole

J'écris

10 **Invente un mot et prépare-lui une définition. Dis-le à tes camarades qui devront essayer de lui trouver un sens.**
Lis ensuite ta définition à haute voix.

Pour inventer un mot, tu peux utiliser :
– un préfixe
– un suffixe
– les deux
Tu peux aussi chercher un mot composé.
Ex. : délunir ➡ décoller de la Lune

Sais-tu ce qu'est la Voie lactée ? Cherche d'où vient l'adjectif lactée dans cette expression.

Le petit atelier

Un mot sans fin

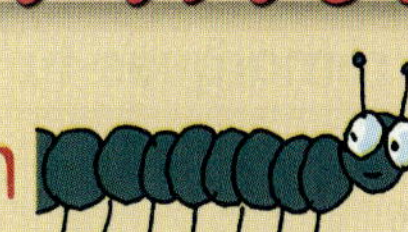

Seul(e), avec le grand groupe

Trouve un mot composé dans ta tête.
Dis à haute voix le premier mot.
Tes camarades doivent trouver la fin.

28 Je cherche d'où viennent les mots

J'observe

1 D'où viennent les mots des bulles ?
Situe les pays ou les régions que tu as trouvés sur le globe terrestre.

Je retiens

- Parce que les Romains ont envahi la Gaule, la plupart des mots du français viennent du **latin**.
  Ex. : *heure* vient du latin *hora*, *temps* vient du latin *tempus.*
- Mais de nombreux mots viennent **d'autres langues** :
  Ex. : *pantalon* est un mot d'origine **italienne**.
  yaourt est un mot d'origine **bulgare**.

Je m'entraîne

2 Retrouve le mot latin qui est à l'origine de chaque mot français. Comment as-tu fait ? Que remarques-tu ?

eau •	• *cantare*
chien •	• *bene*
paix •	• *canis*
bien •	• *aqua*
chanter •	• *pax*

3 Cherche l'intrus de chaque ligne. Explique tes choix.

a. un speaker – le freezer – un leader – le boucher
b. le plancher – le reporter – le dîner – le passager
c. un parking – le footing – un signe – le pudding
d. un gadget – un perroquet – le hoquet – un galet

Je lis

4 HISTOIRE

Les noms de famille de ces deux personnages sont devenus les noms de deux objets courants. Trouve-les.

a. C'était au XIXᵉ siècle. Chaque matin, en sortant de chez lui, il voyait les ordures étalées sur les trottoirs. Il décida que les Parisiens devraient désormais mettre leurs ordures dans des boîtes en fer avec des couvercles.

b. C'était au XVIIIᵉ siècle en Angleterre. Un jour il en eut assez de s'arrêter de chasser ou de jouer aux cartes pour manger. Il demanda à son cuisinier de mettre du jambon ou du poulet entre deux tranches de pain.

5 Cherchez un titre pour la recette suivante, puis réalisez-la.

Dans un yaourt, coupe en dés une pomme (Europe), un kiwi (Océanie) et une mangue (Afrique). Ajoute du jus de litchi (Asie), et des pépites de chocolat (Amérique). Bon voyage.

Alain Serres, *Mon premier livre de toutes les couleurs*, Rue du Monde, 2001.

J'écris

6 Assez de franglais ! Réécris ces titres de journaux.

a. Week-end chargé sur les routes. Prudence !
b. Hold-up du casino : les gangsters arrêtés.
c. Scoop pour les fans de musique ! Un show exceptionnel ce soir au Zénith !
d. Grâce à leur goal, les champions restent leaders.

7 Imagine un repas où chaque plat viendrait d'un pays différent.

Trouve un emballage sur lequel il y a les mêmes indications en plusieurs langues. Repère le même mot écrit dans ces différentes langues et recopie-le. Compare ses différentes formes.

Le petit atelier

Voyage

Par deux

Quelles est l'origine des mots suivants ? Pourquoi ?

le judo – un drakkar – un poncho – un igloo – une gondole

Cherchez d'autres mots et demandez aux autres élèves de dire de quelles langues ils viennent.

Bilan

Je sais reconnaître 

- je sais repérer la classe d'un mot ;
- je sais chercher le sens d'un mot ;
- je sais trouver tous les sens d'un mot ;
- je sais repérer les préfixes et les suffixes.

1 Retrouve l'intrus de chaque série.

a. cerise – écran – mois – nager – crocodile
b. écorce – facile – propre – nuageux – clair
c. ranger – apprendre – conduire – peindre – sombre

2 Avec les lettres suivantes, écris 1 nom, 1 verbe et 1 adjectif.

E – M – A – P – I – L – V – O – R – E – O – N – U – R – E – T – D

3 Cherche les mots suivants dans ton dictionnaire. À quelle classe appartiennent-ils ?

sosie – éphémère – épiderme – plantigrade

4 Remplis la carte d'identité du mot paquebot.

Classe : ... Genre : ...

Nombre de lettres : ...
Nombre de sons : ...
Nombre de syllabes : ...

Définition : ...

5 Trouve les dessins qui vont ensemble. Écris les noms qui leur correspondent.

6 Complète les colonnes. Trouve trois mots pour la quatrième ligne.

Noms	Adjectifs	Verbes
glace		glacer
largeur	large	
	chaud	chauffer

7 Recopie les mots. Indique leur classe, puis entoure leurs préfixes et leurs suffixes.

fleuriste – chanteur – repeindre – antivol – démêler – jardinier

8 Relie les mots qui vont ensemble.

cheval •	• salade
œil •	• aquarium
sel •	• cavalier
eau •	• oculiste

9 **Voici une bonne réponse à un exercice. Choisis la bonne consigne.**

Réponse :

capable ➨ incapable	patient ➨ impatient
juste ➨ injuste	heureux ➨ malheureux
normal ➨ anormal	lisible ➨ illisible

Consigne :

a. Écris le contraire de chaque adjectif

b. Écris le contraire de chaque adjectif en employant un mot avec un préfixe.

c. Cherche un synonyme pour chaque adjectif.

Je sais faire

- je sais me servir du contexte pour comprendre un mot ;
- je sais retrouver les mots étiquettes ;
- je sais jouer avec les différents sens d'un mot ;
- je sais employer des synonymes.

10 **En t'aidant seulement du contexte, trouve un mot ou une expression synonyme pour les mots en gras.**

a. Je ne te crois pas. Toutes les choses que tu me racontes sont des **coquecigrues** !

b. Ne dis pas cela, tu risques de semer la **zizanie** dans le groupe. Ce serait vraiment dommage !

c. Va mettre cela dans le **cagibi** sous l'escalier.

11 **C'est le même nom qui manque dans les trois phrases. Trouve-le et écris-le.**

a. C'est une alpiniste renommée. Elle a escaladé tous les plus hauts ... de la planète.

b. Un octogone est un polygone qui a 8 ... .

c. Vraiment ! Il exagère ! Sa paresse atteint des ... !

12 **Trouve la solution de la devinette.**

Autrefois, je servais à garder de l'argent.
Maintenant, on me met dans le magnétoscope.
Qui suis-je ?

13 **Réécris ce petit texte en évitant les répétitions.**

Le matin, je prends une douche, et puis je prends mon petit déjeuner. Ensuite, je prends mon sac et je prends le car.

14 **Trouve l'expression qui correspond à ce dessin. Emploie-la dans un petit texte de ton invention.**

15 **Trouve le mot étiquette correspondant à chaque série. Emploie ensuite ce mot dans une phrase de ton invention.**

a. vélo – T.G.V. – avion – ferry – autobus

b. cabane – maison – immeuble – pavillon

c. cerveau – estomac – oreille – poumon

JE ME CREUSE LA TÊTE

LES SOLUTIONS

Page 89

Marche, marron et ferme :
Marche peut être un nom (*une marche)* et un verbe (*elle marche*).
Marron peut être un nom (*un marron*) et un adjectif de couleur (*un pull marron*).
Ferme peut être un nom (*une ferme*) et un verbe (*il ferme la porte*).

Page 91

Un cagibi (un tout petit espace pour ranger des affaires dans un appartement ou dans une maison) et *un baluchon* (un paquet où on met ses affaires pour partir quelque part).

Page 93

C'est un magasin qui vend de **glaces à la vanille, à la fraise, au chocolat**...
Ou bien, c'est un vendeur de **miroirs**.

Page 95

Il pleut des cordes. Il pleut des hallebardes.

Page 97

Les mots *grain* (ouest de la France) et *drache* (nord de la France) désignent une **averse**.

Page 99

a. La chauve-souris est un **mammifère**.
b. La tomate est un **fruit**.
c. Le dauphin est un **mammifère**.

Page 101

La *Voie lactée* est cette longue traînée blanche qu'on voit la nuit, en travers du ciel, du sud-ouest au nord-est, quand il n'y a pas de nuages. Cette traînée blanche est faite des milliards d'étoiles de notre galaxie.
Le mot *lactée* vient du mot *lait* : chaque point lumineux ressemble en effet à une goutte de lait.

Page 103

Sucre se dit *sugar* (en anglais), *azucar* (en espagnol), *açucar* (en portugais), *zucchero* (en italien), *Zucker* (en allemand), *suiker* (en hollandais).

Grammaire de texte

29 Je mets la ponctuation dans un texte

30 Je désigne quelqu'un ou quelque chose

31 J'emploie des expressions de temps

Je mets la ponctuation dans un texte

J'observe

1 **Avec ton voisin ou ta voisine, repère tous les signes de ponctuation qui ont servi à dessiner le bonhomme. Écrivez leur nom.**

2 SCIENCES

Combien y a-t-il de sortes de points dans ce texte ? À quoi servent-ils ?

Qui porte sa maison sur son dos ?
C'est l'escargot ! Il sort quand il pleut
car il craint beaucoup le soleil : sa peau
est très fine. Il mange beaucoup :
des feuilles, des morceaux d'écorce,
des champignons... Il dort pendant l'hiver :
on dit qu'il hiberne, comme l'ours
ou la marmotte. Et il a une particularité
amusante : ses yeux sont au bout de ses cornes !

3 HISTOIRE

Compte les virgules de ce texte. À quoi servent-elles ?

Louis XIV avait un appétit d'ogre. Son repas de midi pouvait comporter plusieurs potages, des huîtres, des volailles farcies, des viandes de porc et de mouton, des œufs, des gâteaux, des fruits…

Je retiens

- Le **point** (.) marque la fin d'une phrase.
- Le **point d'interrogation** (?) sert à poser une question.
- Le **point d'exclamation** (!) sert à montrer qu'on est étonné, en colère...
- Les **trois points** (...) indiquent qu'on arrête la phrase, mais qu'on pourrait la continuer.
- Les **deux points** (:) montrent qu'on va faire une liste ou qu'on va expliquer quelque chose.
- La **virgule** (,) sert à séparer des mots ou des groupes de mots à l'intérieur d'une phrase.

Je m'entraîne

4 **Une des phrases est impossible. Repère-la et explique ton choix.**

a. Venez voir...
b. Ne roulez pas trop vite !
c. Ralentissez ? École ?
d. Il est interdit de tourner à gauche.

5 **Quelles sortes de points peux-tu mettre à la fin des phrases suivantes ? Explique le sens à chaque fois.**

a. Les hirondelles sont revenues
b. Le volcan s'est réveillé
c. L'orage s'est éloigné
d. La route est dangereuse

6 **SCIENCES**

Il y a 5 erreurs de ponctuation dans ce texte. Repère-les. Prépare ensuite la lecture à haute voix du texte correctement ponctué.

Entendre

Beaucoup de mammifères. Ont une ouïe particulièrement fine ils perçoivent des sons. Que nous ne percevons pas. Les oreilles très développées et placées sur le sommet du crâne, du fennec peuvent s'orienter et sont sensibles au moindre bruit ?

D'après Diane Costa de Beauregard et alii, *Sur la trace des mammifères,* « Les Racines du Savoir, Nature », Gallimard Jeunesse, 1995.

Le petit atelier

Quiz de la ponctuation

Par deux

Cherchez une affirmation vraie et une affirmation fausse.
Écrivez-les et proposez-les au reste de la classe.

Ex. : Quand on voit un point, il faut faire une pause. ➡ **affirmation vraie**
Il faut mettre une majuscule après une virgule. ➡ **affirmation fausse**

Cherchez l'exemple !

Par deux

Cherchez un exemple pour illustrer chaque règle du « Je retiens ».

Je lis

7 ORAL

Lis les phrases suivantes à voix haute.
Imagine des situations où on pourrait les dire.

a. La semaine prochaine ?
b. La semaine prochaine.
c. La semaine prochaine !

8 LITTÉRATURE

Avec ton voisin (ou ta voisine), ajoute la ponctuation.
Préparez ensuite la lecture à haute voix du texte en choisissant chacun un rôle.

– Oh Mère Grand comme vous avez de grandes oreilles
– C'est pour mieux t'entendre mon enfant
– Oh Mère Grand comme vous avez de grands yeux
– C'est pour mieux te voir mon enfant
– Oh Mère Grand comme vous avez de grandes dents
– C'est pour mieux te manger mon enfant

9 PHYSIQUE

Lis le texte à haute voix. Que remarques-tu ?
Mets la ponctuation, puis lis de nouveau à haute voix.

C'est dans la Voie lactée au milieu de ces
milliards d'étoiles qu'habite notre Soleil
avec sa famille composée de 9 planètes
ces planètes tournent toutes autour du Soleil
cette ronde des astres forme le système solaire.

La famille du Soleil, « L'encyclopédie buissonnière », Nathan, 1992.

1 Mercure
2 Vénus
3 La Terre
4 Mars
5 Représente des astéroïdes
6 Jupiter
7 Saturne
8 Uranus
9 Neptune
10 Pluton

J'écris

10 ARTS PLASTIQUES

À ton tour, invente un dessin avec tous les signes de ponctuation.

? . ; , ! :

11 GÉOGRAPHIE

Recopie ces textes en mettant correctement la ponctuation. N'oublie pas les majuscules !

a. que fait-on avec le bois
il sert surtout à fabriquer des meubles
des fenêtres des poutres des maisons mais
on en fait aussi de la colle des peintures
du vernis et du papier

b. l'Europe est constituée de nombreux pays
c'est ce qui fait sa richesse selon les régions
les gens les maisons les traditions et les cuisines
sont très différents

12

Recopie ce texte en ajoutant les deux compléments circonstanciels proposés. Quel signe de ponctuation dois-tu ajouter et à quels endroits ?

au Pérou - en France

À chacun ses goûts

On mange du cochon d'Inde : cela étonne les touristes. Certains consomment du cheval du lapin ou des cuisses de grenouilles : cela dégoûte les Anglais.

D'après Alain Serres, *Mon premier livre de toutes les couleurs*, Rue du Monde, 2001.

13

Complète les phrases suivantes. À quoi dois-tu faire attention ?

a. Le printemps, ... sont les quatre saisons de nos pays tempérés.

b. Voici les sept couleurs de l'arc-en-ciel : le rouge, l'orangé ...

c. Le panda, ... sont des animaux protégés.

d. Le blé, ... sont des céréales.

JE ME CREUSE LA TÊTE

14

Cette phrase peut avoir deux sens différents. Pourquoi ?

Le capitaine dit le mousse est un imbécile.

30 Je désigne quelqu'un ou quelque chose

J'observe

1 **Qu'est-ce qui ne va pas dans le petit texte ci-dessous ? Comment peux-tu l'améliorer ?**

Le policier a couru après le voleur. Ils se sont bagarrés. Il est tombé par terre.

2 SCIENCES

Comment peux-tu améliorer le texte suivant :

La bête à bon Dieu

La coccinelle est un petit insecte rouge à taches noires. La coccinelle mange les pucerons qui s'attaquent aux fleurs et aux plantes. La coccinelle est donc très utile.

3 **Comment as-tu désigné les personnages pour améliorer les textes des exercices 1 et 2 ?**

4 LITTÉRATURE

Voici plusieurs manières de désigner la chèvre de Monsieur Seguin. Essaie de les classer. Compare ton classement avec celui de ton voisin ou de ta voisine.

la petite chèvre blanche – la brave chevrette Blanquette – la pauvre bête – elle – la chèvre la gourmande – la chèvre de Monsieur Seguin

Je retiens

- Il y a au moins trois manières de désigner des personnages (êtres humains, animaux...) :
  - le **nom propre** : *Caroline, Blanchette*
  - un **groupe nominal** : *un garçon, une petite chèvre*
  - un petit mot **qui remplace un nom**, c'est-à-dire un **pronom** : *il, elle...*
- Quand on écrit un texte, il faut essayer d'utiliser ces trois possibilités :
  - pour que le lecteur sache toujours **de qui ou de quoi tu parles** ;
  - pour éviter les **répétitions.**

Je m'entraîne 

5 GÉOGRAPHIE

Enchaîne une phrase avec un pronom personnel.

a. Le mont Blanc est le point culminant de notre pays. Il ...
b. La Garonne traverse Toulouse. ...
c. L'Europe est un continent. ...

6 SCIENCES

Trouve ce qui correspond aux désignations suivantes.

a. elle, un animal aquatique, un amphibien, une rainette
b. un mammifère, un animal sauvage, un carnivore, le roi de la savane, il
c. un oiseau, un rapace, un animal nocturne, il
d. un mammifère, un animal nocturne, elle

7 ORAL

Choisis un des personnages et cherche au moins une autre manière de les désigner.

une sorcière – Astérix – un personnage de ton choix

8 HISTOIRE

Cherche une autre manière de désigner un de ces personnages historiques.

Vercingétorix – Louis XIV – Napoléon

9 SCIENCES

Cherche une autre manière de désigner ces animaux.

le requin – la cigogne – l'éléphant

Le petit atelier

Qui es-tu ?

Seul(e), avec le grand groupe

Fais la liste de toutes les manières possibles de te désigner toi-même.

Ex. : Céline, une fille...

Si tu étais indien(ne)...

Seul(e), avec le grand groupe

Invente-toi un nom à la manière des Indiens d'Amérique.

Ex. : Œil-de-bison, Cheval-Fougueux, Marmotte-qui-dort...

Devinette

Par deux

Choisissez un personnage ou un animal. Cherchez-lui deux ou trois désignations possibles comme dans les exercices 7, 8 et 9.

Proposez-les à la classe sous forme de devinette.

Je lis 

10 **Trouve qui se cache derrière les pronoms personnels en gras.**

a. **Il** a peut-être frotté deux morceaux de silex l'un contre l'autre.
b. **Elle** a allaité Remus et Romulus.
c. **Il** a fait le premier tour du monde.
d. **Il** a été guillotiné en 1793.
e. **Il** est mort à l'île de Sainte-Hélène.

11 HISTOIRE

Trouve qui se cache derrière les pronoms personnels (mots en gras).

En éloignant les bêtes sauvages, le feu protège les hommes. **Ils** vont même **l**'utiliser pour chasser les gros animaux. Ennemi du froid, **il** permet de se chauffer et de s'aventurer vers des régions plus fraîches. Ennemi de la nuit, **il** prolonge les journées autour du foyer et, à la lueur des flammes, la tribu se retrouve.

Sonia Goldie, *Préhistoire*, Mila Éditions, 1999.

12 HISTOIRE

Combien de mots différents et d'expressions y a-t-il dans ce texte pour parler des Celtes ?

Il y a trois mille ans, de nombreuses tribus envahissent une grande partie de l'Europe. On les appelle les Celtes. Ces cavaliers venus de l'est parlent la même langue, ils ont la même religion, ils maîtrisent le fer. On appelle « Gaulois » les Celtes qui habitent en Gaule, un pays un peu plus grand que la France actuelle.

Béatrice Veillon, *Amuse Doc chez les Gaulois*, Père Castor Flammarion, 2002.

13 MATHÉMATIQUES

Faut-il supprimer les répétitions des prénoms ici ? Explique ta réponse.
Réponds ensuite à la question de la dernière phrase du texte.

Le cross

Amélie, Kévin et Nadia ont participé au cross de l'école.
Nadia est arrivée avant Amélie. Kévin est moins bien classé que Nadia. Amélie est arrivée juste avant Kévin.
Quel est l'ordre d'arrivée ?

J'écris

14 **Complète les textes.**

a. Caracalla, empereur de Rome au Ier siècle après J-C., avait apprivoisé un lion. ... dormait au pied de son lit et se couchait sous la table.

b. Le chocolat est fabriqué à partir des fèves qui sont contenues dans les cabosses, c'est-à-dire les fruits du cacaoyer. .... pousse dans les pays chauds et humides.

15 **Que faut-il faire pour améliorer ces textes ?**

a. Au Moyen Âge, les paysans travaillent pour le seigneur. Les paysans paient un impôt au seigneur. Le château du seigneur sert d'abri aux paysans. Les paysans se servent aussi du moulin du seigneur pour moudre le blé.

b. Le jour c'est levé. On a vu arriver un bateau. Ils avaient l'air de corsaires.

16 **Cherche une répétition dans un texte que tu as écrit. Trouve une solution pour la supprimer.**

17 **Raconte ce qui se passe. Tu dois varier les expressions pour désigner les personnages. Tu ne dois pas faire de répétitions.**

JE ME CREUSE LA TÊTE

18 **Qui appelle-t-on l'Empereur à la barbe fleurie ?**

31 J'emploie des expressions de temps

J'observe

1 **En quatre phrases, raconte oralement ce qui se passe.**
As-tu employé des expressions de temps ?
Si tu ne l'as pas fait, essaie d'en ajouter deux.

2 ORAL

Raconte une histoire drôle qui t'est arrivée en essayant d'employer :

d'abord – ensuite – enfin

3 **Parmi les expressions suivantes :**

a. cherches-en une qui peut se mettre au début d'un texte ;

b. cherches-en une qui peut se mettre à la fin d'un texte ;

c. cherches-en une qui se met plutôt au milieu d'un texte ;

d. cherches-en qu'on trouve souvent dans les contes ;

e. cherche deux expressions synonymes.

ce jour-là – soudain – finalement – ensuite
pour commencer – à la fin – il était une fois
en ce temps-là – alors – autrefois – jadis
désormais – tout à coup – enfin – un jour
le lendemain – au moment où commence
cette histoire

Je retiens

Pour raconter quelque chose **de façon ordonnée**, on doit bien marquer :

- **le début** : *d'abord, pour commencer, il était une fois...*
- **les enchaînements** : *ensuite, après, alors...*
- **la fin, la conclusion** : *enfin, finalement...*

Je m'entraîne

4 SCIENCES

Reformule cette expérience en employant des expressions de temps.

Remplis 1 tube avec de l'eau. Repère le niveau de l'eau sur le tube avec un feutre ou un élastique.
Mets le tube dans le freezer d'un réfrigérateur.
Attends 4 heures.
Sors le tube. L'eau s'est transformée en glace. Le niveau de l'eau est monté.
Que peux-tu conclure de cette expérience ?

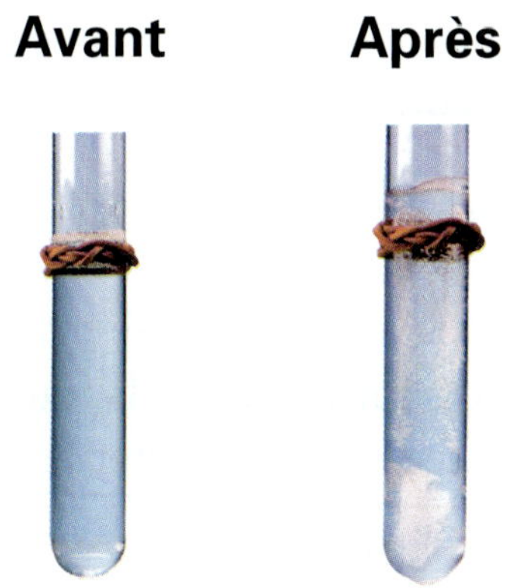

5 SCIENCES

Replace les expressions de temps à leur place dans le texte.

ensuite - bientôt - à la fin de l'hiver - au début - alors

Les premiers pas

Les renardeaux naissent. C'est la grande animation dans le terrier. Ils boivent le lait de leur mère. Ils mangent les petits animaux qu'elle a attrapés dans les champs. Ils pourront sortir de la tanière et chercher tout seuls leur nourriture...

Le petit atelier

Écriture relais

Par trois

Le premier élève commence une phrase avec ***d'abord***... Un deuxième élève enchaîne avec une phrase qui commence par ***ensuite***...

Un troisième élève essaie de terminer avec une phrase qui commence par ***enfin***...

Le relais peut aussi se faire avec ***un jour... alors... finalement***...

Ma journée idéale

Seul(e), avec le grand groupe

Imagine que tu es entièrement libre d'organiser une journée.

Raconte ce que tu ferais.

Je lis

6 Voici des débuts de textes. Retrouve à chaque fois de quel type de texte il s'agit.
Enchaîne une deuxième phrase possible en employant une expression de temps.

a. Il était une fois une chaumière au milieu de la forêt...
b. Ce matin-là, nous nous sommes levés très tôt...
c. Je suis née à Clermont-Ferrand un 1er avril...
d. Prenez d'abord trois œufs, du lait, de la farine...
e. Commencez par délimiter le terrain à l'aide de plots...

7 SCIENCES

Trouve les expressions de temps qui manquent au début de chaque phrase.

La grenouille

..., c'est un minuscule têtard, muni d'une longue queue et respirant par des branchies.
... il développe de vrais poumons, tandis que de petites pattes apparaissent. ... sa queue disparaît complètement, ses pattes grandissent et voici une grenouille.

Stéphane Frattini, *Drôles de records*, Milan, 1995.

8 HISTOIRE

Lis le texte suivant, puis réponds aux questions.

En France, avant la Révolution, les sujets n'avaient que des devoirs envers le roi, et très peu de droits. Un petit nombre de personnes possédaient toutes les richesses et de nombreux privilèges. En 1789, les Parisiens se révoltent contre ces injustices, et le 14 juillet, ils prennent la Bastille. C'est le début de la Révolution française. Quelques semaines plus tard, des députés proclament la Déclaration des droits de l'homme et du citoyen.

Nathalie Bailleux, *Le monde merveilleux de la Liberté*, Nathan, 1989.

a. Quelle est la date essentielle du texte ?
b. Que se passait-il avant ?
c. Que s'est-il passé après ?

J'écris 

9 **Supprime les répétitions dans ce texte.**

Quand l'hiver arrive, la marmotte quitte sa tanière d'été.
Et puis elle en cherche une autre, plus profonde,
qui la protégera du froid. Et puis elle en bouche
les entrées avec de la terre et des cailloux. Et puis elle s'endort.

10 **Que faut-il faire pour améliorer ce compte rendu de visite ?**
Propose des solutions et réécris le texte à ta manière.

Pour t'aider :
- Que faut-il changer ?
- Que faut-il ajouter ?

Visite à l'aquarium

Nous sommes partis en car pour visiter l'aquarium.
Nous avons vu toutes sortes de poissons.
La mère de Pedro accompagnait notre maîtresse.
Nous avons chanté dans le car en rentrant.
Il y a eu un orage. Nous avons pique-niqué sur la plage.

11 **Explique d'abord oralement comment se déroule chaque numéro de cirque.**
Écris ensuite un petit texte. Tu dois employer des expressions de temps.

JE ME CREUSE LA TÊTE

12 **Essaie de raconter une histoire connue (par exemple Le Petit Chaperon rouge) en commençant par la fin.**

Bilan

Je sais reconnaître 

- les signes de ponctuation ;
- les mots qui remplacent d'autres mots ;
- les expressions de temps.

1 **Trouve un des signes de ponctuation qui manquent dans cette liste. Dessine-le et écris son nom.**

! ... : ;

2 **Retrouve ce que pourrait désigner chaque pronom.**

elle il elles ils

3 **Trouve au moins une autre désignation pour les mots suivants.**

Ex : la morue ➨ un poisson
un voilier – de la mousse au chocolat
l'Afrique – la Manche – une vache
un chêne – le Rhin – une casserole – le maïs
l'Aveyron – une rose – un fauteuil

4 SCIENCES

Relève dans ce texte les 3 mots qui remplacent celui qui est en gras.

Le **dodo** vivait jadis sur l'île Maurice. Mais cet oiseau a été beaucoup chassé et il a malheureusement disparu. On le connaît par des dessins et par des restes de squelette.

5 **Complète la phrase suivante :**

Il, elle, ils, elles sont…

6 **Cite deux manières différentes de désigner un personnage dans un texte.**

7 **Trouve au moins 2 mots ou 2 expressions synonymes dans cette liste.**

enfin – soudain – finalement – d'abord – depuis ce temps – ensuite – après – désormais tout à coup

Je sais faire

- je sais ponctuer un texte ;
- je sais repérer ce qui se cache derrière un mot ;
- je sais supprimer les répétitions dans un texte ;
- je sais utiliser des expressions de temps.

8 HISTOIRE

Réécris ce texte en mettant correctement la ponctuation.

Le timbre

le timbre-poste est ce petit bout de papier gommé et dentelé qui voyage collé sur le courrier le premier timbre est mis en vente par les postes anglaises en mai 1840 il est noir et porte l'effigie de la reine d'Angleterre Victoria

D'après Dominique Joly, *Les grandes inventions*, Hachette Jeunesse, 1997.

9 **Invente un texte possible pour chaque ponctuation.**

a. .... !
b. .... ?
c........................... : ...., ...,
....

10 HISTOIRE

Retrouve les 2 mots qui manquent dans ce texte.

Les paysans au Moyen Âge

Les paysans mangent surtout du pain noir, des galettes ou des bouillies fabriquées avec les blés de moins bonne qualité. Quelquefois, ... tuent leur cochon : c'est la seule ... qu'ils mangent dans l'année.

D'après Noël Bosetti, *Ma première Histoire de France,* Études Vivantes.

11 GÉOGRAPHIE

Lis le texte, puis réponds à la question suivante :
Les icebergs sont-ils faits d'eau douce ou d'eau salée ?

Les icebergs

La glace n'est pas partout la même. Celle de la banquise, qui s'étend en hiver sur des kilomètres de mer, est faite d'eau salée. La glace provenant de la chute de neige et de pluie forme d'immenses glaciers d'eau douce. Au printemps, elle se disloque en gros morceaux, les icebergs, qui dérivent lentement sur l'océan.

Éric Mathivet, *Tout autour de la Terre*, « L'encyclopédie Larousse des 6/9 ans », Larousse, 2000.

12 **Remets les phrases de ce texte dans le bon ordre.**

Le rouge

C'est pourquoi on voit vite ce qui est rouge.
Peu de choses sont rouges, dans la nature comme dans la ville.
Et c'est pour cette raison qu'on a choisi la couleur rouge pour signaler des dangers et des interdictions.

D'après Pascal Desjours, *La rue et la prudence*, « Les petits débrouillards », Albin Michel Jeunesse, 2001.

Page 111

14 On peut mettre la ponctuation de deux manières différentes :

a. Le capitaine dit : « Le mousse est un imbécile. » (C'est le mousse qui est bête.)
b. « Le capitaine, dit le mousse, est un imbécile. » (C'est le capitaine qui n'est pas très intelligent.)

Page 115

18

L'empereur à la barbe fleurie, c'est **l'empereur Charlemagne**, du moins dans la légende.
Au Moyen Âge, les poèmes, les enluminures des manuscrits ou les statues, représentent toujours Charlemagne avec une longue barbe blanche, symbole de l'âge et de la sagesse.

Page 119

12 Le Petit Chaperon rouge

À la fin de l'histoire, le Petit Chaperon rouge et sa grand-mère sont sauvés.
Un chasseur, en effet, a entendu des ronflements bizarres dans la maison de la grand-mère. Il est venu voir, il a trouvé le loup, et il lui a ouvert le ventre pour les délivrer.

Avant cela, le loup a mangé la grand-mère, il a mis ses vêtements, il s'est glissé dans son lit. Et quand le Petit Chaperon rouge a frappé à la porte, il a imité sa voix. La petite fille ne s'est pas méfiée, et le loup l'a dévorée aussi.

Tout cela parce qu'au début de l'histoire, le Petit Chaperon rouge, a rencontré le Loup. Elle l'a trouvé gentil, et elle lui a dit qu'elle allait voir sa grand-mère pour lui porter une galette et un petit pot de lait. Alors, le loup n'avait plus qu'à courir chez la grand-mère, à imiter la voix de la petite fille, à entrer dans la maison...

Projets d'écriture

1 J'écris les règles de vie de la classe

2 Je participe à un débat

3 Je prépare une interview

4 J'envoie une carte ou un message

5 J'écris des consignes

6 J'écris un compte rendu d'expérience

7 Je décris un paysage

8 Je présente un personnage historique

9 J'écris un dialogue de theâtre

10 J'écris un conte

J'écris les règles de vie de la classe

Que vas-tu écrire ?

Sur une **affiche**, tu vas écrire **ce que tu pourras faire** et **ce que tu ne pourras pas faire** en classe, pendant toute l'année.

J'observe

1 Voici des règles de vie affichées dans des classes. Avec ton voisin, compare-les et réponds aux questions.

– Sont-elles présentées de la même manière?
– À quel temps et à quelle personne les règles sont-elles écrites ?
– Quel exemple préfères-tu ? Pourquoi ?

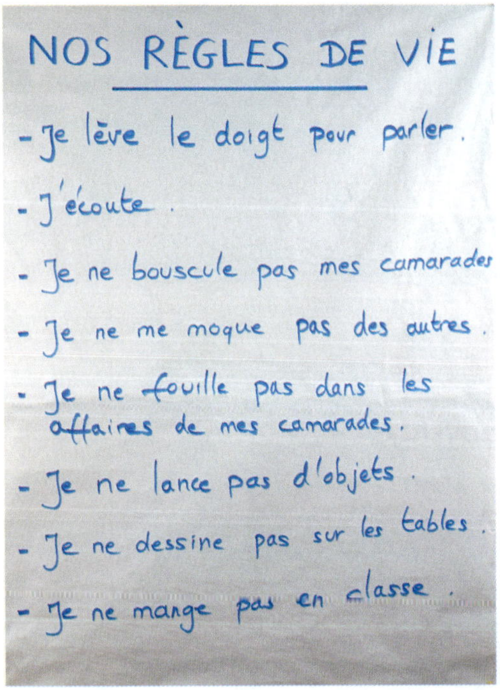
NOS RÈGLES DE VIE
- Je lève le doigt pour parler.
- J'écoute.
- Je ne bouscule pas mes camarades
- Je ne me moque pas des autres.
- Je ne fouille pas dans les affaires de mes camarades.
- Je ne lance pas d'objets.
- Je ne dessine pas sur les tables.
- Je ne mange pas en classe.

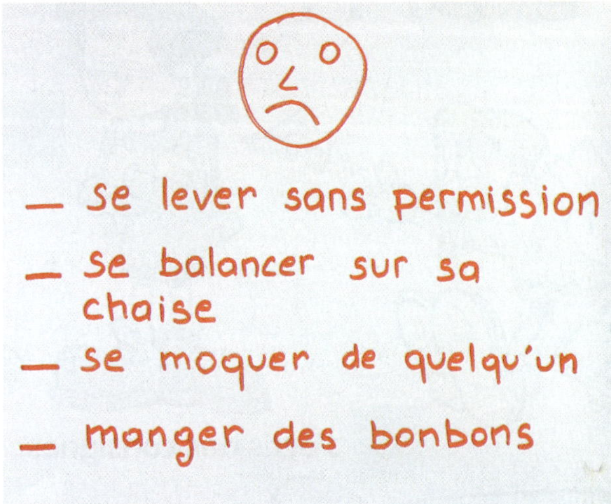
– se lever sans permission
– se balancer sur sa chaise
– se moquer de quelqu'un
– manger des bonbons

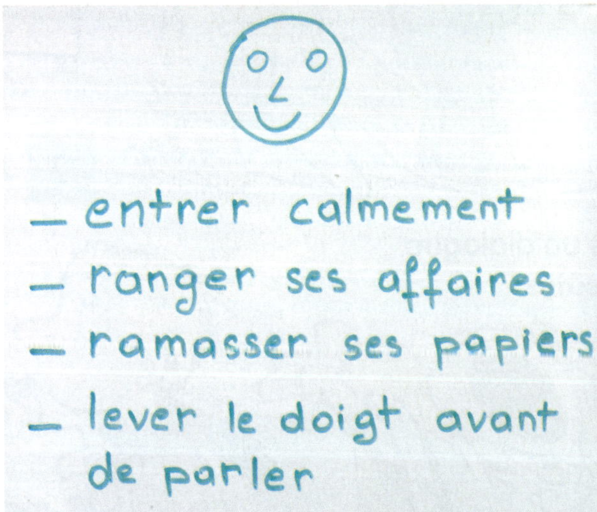
– entrer calmement
– ranger ses affaires
– ramasser ses papiers
– lever le doigt avant de parler

Sais-tu que ... ?

... pour vivre en société, il faut des ***règles***, sinon c'est l'**anarchie** : les pays ont des **lois**, les automobilistes ont le **code de la route**, les écoles ont des **règlements intérieurs**...

Réfléchis

Connais-tu d'autres endroits où l'on observe des règles de vie ?

Je prépare mes outils

Je m'organise

2 **Comment faire pour que tous les élèves de la classe participent à la réalisation de l'affiche ?**

Voici le début d'une réponse possible. Cherche ce qu'il faut faire ensuite (tu peux aussi proposer une autre solution).

> **Ex.** : Chaque élève réfléchit à une règle qui lui paraît très importante et va l'écrire au tableau…

Je cherche les idées

3 **À ton avis, combien de règles faut-il prévoir ?**

4 **Choisis sur la page précédente les règles que tu voudrais garder.**

5 **Y a-t-il d'autres règles que tu voudrais ajouter ?**

6 **Dans toutes ces règles, quelles sont, à ton avis, les trois plus importantes ?**

7 **Avec ton voisin ou ta voisine, cherche un titre pour l'affiche.**

Le petit atelier

Jeu-test

Donne ton avis sur les situations suivantes.

a. Lancer des objets dans la classe
b. Mâcher du chewing-gum
c. Bousculer un autre élève
d. Aller chercher un dictionnaire
e. Lever le doigt quand on n'a pas compris quelque chose
f. Copier sur son voisin
g. Ramasser les papiers
h. Prêter ses affaires
i. Fouiller dans les tiroirs du bureau
j. Ranger son casier
k. Couper la parole
l. Réfléchir avant de parler

Pour chacune, compte :
– 0 si c'est complètement interdit
– 1 si c'est permis ou conseillé
– 2 si c'est obligatoire
Fais le total de tes points à la fin. Compare avec tes camarades.
Êtes-vous complètement d'accord sur tout ?

Je cherche les phrases et les mots

8 **Cherche au moins deux autres manières possibles d'écrire la règle de vie suivante. Lis à haute voix à tes camarades ce que tu as trouvé.**

Je ne dessine **pas** sur les tables.

9 **À quel temps pouvons-nous écrire nos règles de vie ? À quelle personne ? Est-ce que nous avons déjà étudié ce temps ? Dans quelle leçon du livre ?**

10 **Si nous écrivons avec je au présent de l'indicatif, quelle terminaison allons-nous écrire pour les verbes suivants ?**

écouter – ranger – réfléchir – répondre – pouvoir
devoir

J'écris

J'écris au brouillon

11 **Sur quoi faut-il écrire ce brouillon ? Pourquoi ?**

– sur les cahiers ?
– sur le tableau ?
– sur une affiche ?

Je relis

12 **Voici des règles de vie. Quels défauts as-tu repérés ? Que proposerais-tu pour les améliorer ?**

Vérifie qu'il n'y a pas les mêmes erreurs dans ton brouillon ou celui de la classe.

- Je dois entrer calmement dans la classe.
- Il ne faut pas couper la parole à un camarade.
- Il faut dire bonjour en arrivant.
- On doit jeter ses papiers dans la corbeille.
- Il faut lever le doigt avant de parler.

13 **Voici une grille pour t'aider à améliorer ton texte. Avant d'écrire l'affiche définitive, tu dois pouvoir mettre oui devant toutes les phrases.**

La présentation de l'affiche		
1. Tous les élèves pourront lire l'affiche de leur place.	oui	non
2. Notre affiche a un titre.	oui	non
Le contenu de l'affiche		
3. Le nombre de règles est correct.	oui	non
4. Nous avons gardé ce qui nous paraissait le plus important.	oui	non
La conjugaison et l'orthographe		
5. Toutes les règles sont écrites au même temps et à la même personne.	oui	non
6. Nous avons vérifié la ponctuation.	oui	non
7. Nous avons vérifié l'orthographe des verbes.	oui	non
8. Nous avons vérifié l'orthographe des autres mots.	oui	non
9. Nous avons vérifié les accords au féminin et au pluriel.	oui	non

14 Trace écrite. **Nous allons écrire les règles de vie sur une grande affiche. À quel endroit de la classe allons-nous la mettre ?**

2 Je participe à un débat

Que vas-tu faire ?

Tu vas participer à un **débat**, pour **décider** de quelque chose qui concerne la vie de la classe, ou pour **discuter** d'un sujet important.

J'observe

1 **Comment s'appelle le personnage qui est assis ? Que doit-il faire ?**

Sais-tu que ... ?

...participer à un ***débat***, c'est s'entraîner à **prendre la parole** pour **défendre son opinion** sur un sujet. C'est aussi **écouter** les opinions des autres.

2 **Avec ton voisin ou ta voisine, repère ce qu'il faut faire et ce qu'il ne faut pas faire quand on participe à un débat.**

Vous pouvez ajouter des idées.

a. Lever le doigt avant de parler.
b. S'énerver quand quelqu'un n'est pas du même avis.
c. Écouter les idées des autres.
d. Essayer d'apporter des idées nouvelles.
e. Obéir à l'animateur du débat.
f. Couper la parole à quelqu'un.

Réfléchis

Peut-on faire un débat avec la question « La Terre tourne-t-elle ? » Explique ta réponse.

Je prépare mes outils

Je m'organise

3 **Voici la liste des choses à faire pour préparer le débat.**
Par quoi faut-il commencer ? Dans quel ordre faut-il continuer ?

a. Désigner un animateur.
b. Choisir un sujet de débat qui intéresse tout le monde.
c. Chercher chacun des arguments **pour** et des arguments **contre**.
d. Noter ses idées sur un papier, avant de commencer le débat.
e. Faire le point par écrit à la fin du débat.
f. Se documenter sur le sujet du débat.
g. Se donner un temps à ne pas dépasser.
h. Avant de commencer le débat, récapituler les règles à observer pour que cela se passe bien.

Je cherche les idées

4 **As-tu une idée de débat à proposer ?**
Tu peux chercher quelque chose qui concerne la vie de l'école ou de la classe. Tu peux aussi chercher un sujet d'actualité qui te paraît intéressant.

Pour t'aider, voici des sujets de débats qui ont eu lieu dans des classes :
- Faut-il interdire les jeux de ballon dans la cour de récréation ?
- Faut-il prévoir un distributeur de boissons et de gâteaux sous le préau ?
- Les parents doivent-ils donner de l'argent de poche à leurs enfants ?

Le petit atelier

Le petit journaliste

Seul(e) ou par deux

Pose une des questions de l'exercice 4 à des enfants et à des adultes de ton entourage.

Écris les réponses sur une grande feuille.

As-tu eu des idées intéressantes ?
Essaie de les résumer pour la classe.

5 **Quelle est ton opinion sur le sujet choisi avant de commencer le débat ?**

Sur une feuille de brouillon, note toutes les idées qui te viennent à l'esprit.

Compare avec ce que ton voisin ou ta voisine a écrit.

6 **Entraîne-toi à manier des idées. Pour cela, classe les phrases suivantes en deux catégories :**
– celles qui sont pour les zoos
– celles qui sont contre les zoos.

a. Les zoos permettent à tout le monde de connaître des animaux qu'on n'aurait aucune chance de voir autrement.
b. On ferait mieux de protéger les animaux dans leur milieu naturel.
c. Les animaux en liberté sont de plus en plus menacés.
d. Dans les zoos, il n'y a plus de cages, mais des fossés.
e. Les animaux sauvages sont faits pour vivre en liberté.

7 **Entraîne-toi à manier des idées. Dans les phrases suivantes sur la télévision, relève :**
– une idée qui correspond à ce que tu penses au départ ;
– une idée avec laquelle tu n'es pas d'accord ;
– une idée que tu n'as pas eue, mais qui te paraît intéressante.

a. La T.V. nous apprend beaucoup de choses.
b. La T.V. fait perdre beaucoup de temps.
c. La T.V. empêche de lire.
d. La T.V. montre beaucoup de violence.
e. La T.V. empêche parfois d'aller se coucher tôt.
f. La T.V. détend quand on est fatigué.
g. La T.V. permet de s'intéresser à des sports.
h. Devant la T.V., on a tendance à grignoter.

Je cherche les phrases et les mots

8 **Voici un argument contre l'école le samedi matin. Essaie de l'exprimer d'une autre manière.**

Pour t'aider : tu peux employer *car, donc*...

Ex. : Je suis contre l'école le samedi matin, **parce que** les enfants ce jour-là peuvent retrouver leurs parents.

Je participe au débat

Avant le débat

9 **Faisons ensemble un sondage rapide sur le sujet de débat choisi.**

À la question posée,
– qui a une réponse ? Laquelle ?
– qui veut attendre pour répondre ? Pourquoi ?

Après le débat

10 **Nous allons évaluer ensemble le débat en nous aidant de la grille. Nous mettrons ensuite par écrit ce qu'il faudra améliorer pour les prochains débats.**

COMMENT LE DÉBAT S'EST-IL DÉROULÉ ?		
1. Est-ce que tout le monde a pu s'exprimer ?	oui	non
2. Est-ce que tout le monde a demandé la parole avant de parler ?	oui	non
3. Est-ce que tout le monde a pu finir ses phrases ?	oui	non
4. Est-ce que tout le monde a écouté ?	oui	non
LES IDÉES DU DÉBAT		
5. Les élèves ont-ils (elles) dit des choses intéressantes ?	oui	non
6. As-tu l'impression d'avoir plus d'idées et plus d'arguments après le débat qu'avant ?	oui	non

11 Trace écrite. **Pour t'en souvenir, fais par écrit la liste des idées les plus importantes du débat.**

3 Je prépare une interview

Que vas-tu faire ?

Tu vas préparer une **interview** avec une **personne** que vous allez inviter dans la classe ou que vous irez voir.

J'observe

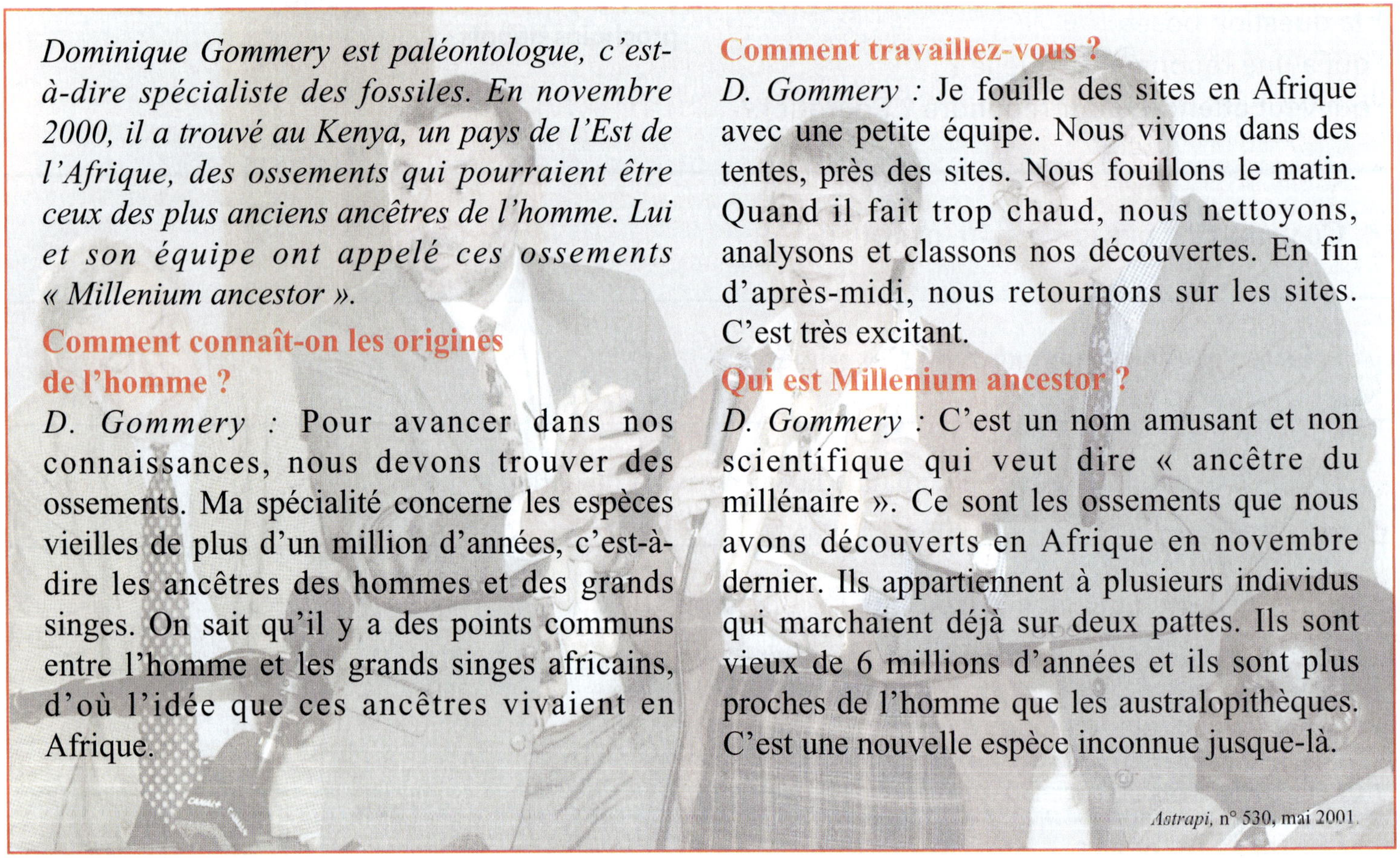

Dominique Gommery est paléontologue, c'est-à-dire spécialiste des fossiles. En novembre 2000, il a trouvé au Kenya, un pays de l'Est de l'Afrique, des ossements qui pourraient être ceux des plus anciens ancêtres de l'homme. Lui et son équipe ont appelé ces ossements « Millenium ancestor ».

Comment connaît-on les origines de l'homme ?

D. Gommery : Pour avancer dans nos connaissances, nous devons trouver des ossements. Ma spécialité concerne les espèces vieilles de plus d'un million d'années, c'est-à-dire les ancêtres des hommes et des grands singes. On sait qu'il y a des points communs entre l'homme et les grands singes africains, d'où l'idée que ces ancêtres vivaient en Afrique.

Comment travaillez-vous ?

D. Gommery : Je fouille des sites en Afrique avec une petite équipe. Nous vivons dans des tentes, près des sites. Nous fouillons le matin. Quand il fait trop chaud, nous nettoyons, analysons et classons nos découvertes. En fin d'après-midi, nous retournons sur les sites. C'est très excitant.

Qui est Millenium ancestor ?

D. Gommery : C'est un nom amusant et non scientifique qui veut dire « ancêtre du millénaire ». Ce sont les ossements que nous avons découverts en Afrique en novembre dernier. Ils appartiennent à plusieurs individus qui marchaient déjà sur deux pattes. Ils sont vieux de 6 millions d'années et ils sont plus proches de l'homme que les australopithèques. C'est une nouvelle espèce inconnue jusque-là.

Astrapi, n° 530, mai 2001.

Dominique Gommery est debout, à droite.

1. **Qui pose les questions ? Qui répond à ces questions ?**
2. **Pourquoi Dominique Gommery est-il interviewé ? Quel genre de questions lui pose le journaliste ?**
3. **Quelle(s) autre(s) question(s) aimerais-tu poser à Dominique Gommery ?**
4. **Quelles différences fais-tu entre une interview et une conversation de la vie quotidienne ? Entre une interview et un dialogue de théâtre ?**

Sais-tu que ... ?

... ***interview*** est un mot anglais qui a été fait à partir du mot français *entrevue*.

Réfléchis

Qui interviewe-t-on, en général ? Pourquoi ?

Je prépare mes outils

Je m'organise

5 **Comment faut-il s'y prendre pour préparer une interview ? Dans quel ordre faut-il faire les choses, à ton avis ?**

a. Écrire les questions pour s'en souvenir.
b. Se renseigner sur le sujet pour poser des questions intéressantes.
c. Prendre rendez-vous avec la personne que l'on va interviewer.
d. Choisir les meilleures questions.
e. Regrouper les questions qui abordent le même sujet.
f. Chercher des questions.
g. Se répartir les questions pour le moment de l'interview.
h. Décider de l'ordre dans lequel on va poser les questions.

6 **À ton avis, comment peut-on organiser le travail dans la classe pour que tout le monde puisse donner au moins une idée ?**

Voici des solutions possibles. Choisis celle que tu préfères en expliquant ton choix. Tu peux aussi proposer autre chose.

a. Chaque élève cherche 3 questions. On écrit toutes les idées au tableau. On les trie et on les classe.

b. On fait la même chose, mais en cherchant par deux.

c. Chacun cherche des idées dans sa tête et lève le doigt. Le maître ou la maîtresse écrit les idées au tableau au fur et à mesure.

Le petit atelier

Expérience vécue

Seul(e), devant la classe

As-tu déjà assisté à une interview, à la télévision ou à la radio, par exemple ? Raconte comment cela s'est passé.

Jeu de rôles

Par deux

Imagine que tu es un sportif connu et que ton voisin ou ta voisine est venu(e) t'interviewer.

Vous « jouez » vos rôles pendant trois minutes.

Ensuite, vous inversez les rôles.

Je cherche les idées

7 As-tu une idée sur la personne que la classe pourrait interviewer ?

Pour t'aider, voici des idées d'autres classes de CE2 :
- les pompiers du village ou du quartier ;
- le boulanger ;
- une personne âgée ;
- un parent qui veut bien venir parler de son métier.

8 Voici des questions préparées par une classe pour un journaliste qui était venu parler de son métier.

Repère une question qui te paraît intéressante, une autre qui te paraît moins intéressante.
Que penses-tu de la dernière question ?

a. Êtes-vous déjà passé à la télévision ?
b. Quand écrivez-vous vos articles ?
c. Comment faut-il s'habiller pour être journaliste ?
d. Est-ce que c'est dangereux d'être journaliste ?
e. Comment faut-il faire pour être journaliste ?
f. Pourquoi avez-vous décidé d'être journaliste ?
g. Est-ce que vous étiez bon en français à l'école ?
h. Avez-vous déjà interviewé des personnages célèbres ?
i. Gagnez-vous beaucoup d'argent ?

Je cherche les phrases et les mots

9 Avant de commencer à chercher des questions, trouve :

- le temps de la conjugaison que nous allons employer ;
- la personne de la conjugaison que nous allons employer ;
- le chapitre de grammaire qui peut nous aider à écrire les questions.

J'écris

Avant l'interview

10 **Nous allons d'abord faire la liste des questions au brouillon. Sur quoi allons-nous écrire ce brouillon ? Choisis une réponse et explique ton choix.**

- au tableau ;
- sur les cahiers ;
- sur une affiche.

11 **Comment allons-nous organiser l'interview ? Pour t'aider :**

- Combien de questions faut-il prévoir ?
- Comment pouvons-nous les regrouper ?
- Dans quel ordre allons-nous poser les questions ?

12 **Ces questions à un acteur de théâtre ont chacune un défaut différent. Repère-le. Vérifie que nous n'avons pas fait les mêmes erreurs dans nos questions.**

a. Est-ce que tu as encore le trac avant d'entrer en scène ?
b. Est-ce que vous avez déjà eu envie de rigoler pendant une représentation ?
c. Il faut faire quoi pour devenir acteur ?

13 **Voici une grille pour relire nos questions avant l'interview et les améliorer. Il faut que nous puissions mettre oui en face de chaque phrase.**

LES QUESTIONS		
1. Le nombre des questions prévu est correct : il y en a assez, mais pas trop.	oui	non
2. Nous avons trouvé un ordre pour poser les questions.	oui	non
3. Chaque élève sait la(les) question(s) qu'il (ou elle) doit poser.	oui	non
LA GRAMMAIRE ET LE VOCABULAIRE		
4. Les phrases interrogatives sont bien construites.	oui	non
5. Nous avons employé la bonne personne.	oui	non
6. Nous avons supprimé les mots trop familiers comme *rigoler*, par exemple.	oui	non

Après l'interview

14 **Avec ton voisin ou ta voisine, aide-toi des questions suivantes pour repérer ce qu'il faudra améliorer une prochaine fois.**

a. Y avait-il assez de questions ?
b. Ont-elles été posées dans le bon ordre ?
c. Les avons-nous posées les questions clairement, sans hésiter ?

15 **Trace écrite. Fais par écrit la liste des idées intéressantes que tu as repérées pendant l'interview, et que tu ne veux pas oublier.**

J'envoie une carte ou un message

Que vas-tu écrire ?

Tu vas écrire une **carte** ou un **message** et l'envoyer à quelqu'un que tu aimes bien, pour **souhaiter** quelque chose, pour **remercier** ou seulement pour **dire bonjour**...

J'observe

La Rochelle, le 28 décembre

Chère Mamie, Cher Papi,
Nous avons fait des super décorations pour Noël. J'espère que vous pourrez venir bientôt les voir. En attendant, je vous souhaite une bonne année, avec une bonne santé, et je vous fais de grosses bises.
Muriel

M et Mme BONJOUR
9, rue des Bisons
04610 MIKADO

1 Observe ce message et ces cartes. Pour chacun d'eux, réponds aux questions suivantes :

Qui écrit ? À qui ? Pourquoi ?
Sur quel support ?

2 Avec ton voisin, cherche au moins un point commun à tous ces messages.

Sais-tu que ... ?

...la première *carte* postale a été inventée en 1869 en Autriche.
...qu'il y a chaque année plusieurs milliards de *courriels* envoyés.

Réfléchis

Quand écrit-on à quelqu'un ?
Pourquoi ? Sur quel support ?

Je prépare mes outils

Je m'organise

3 Dans quel ordre vas-tu faire les choses ?

a. Choisir une carte postale.
b. Choisir la personne à laquelle tu vas écrire.
c. Choisir entre la carte postale et le mail.
d. Chercher l'adresse postale ou l'adresse internet.
e. Réfléchir à ce que tu vas écrire.

Je cherche les idées

4 À qui vas-tu écrire ? Pourquoi ? Tu peux choisir parmi les idées suivantes ou en chercher une autre.

Tu peux écrire à :

– quelqu'un de ta famille ;

– un copain ;

– ton correspondant ;

– un élève de la classe qui est absent.

Tu peux écrire pour :

– remercier de quelque chose ;

– donner des nouvelles ;

– inviter à une fête ;

– féliciter ;

– demander un renseignement ;

– raconter quelque chose d'intéressant.

Je cherche les phrases et les mots

5 Comment vas-tu commencer ta carte ou ton message ? Choisis la formule qui te paraît la meilleure ou trouves-en une autre. Tu peux aussi t'aider des messages de la page précédente.

a. Ma chère petite Mamie
b. Cher Antoine
c. Coucou ! C'est moi !

Le petit atelier

Que préfères-tu ?

Seul(e), devant le grand groupe

Pour ton anniversaire, par exemple, préfères-tu recevoir :
– un coup de téléphone ?
– un mail ?
– une carte ?
Explique ta réponse.

6 **Comment vas-tu terminer ta carte ou ton message ? Voici des idées, mais tu peux aussi en avoir une autre.**

a. Grosses bises.
b. Amitiés.
c. Amicalement.
d. Bisous.

7 **Comment vas-tu signer ? Cherche des idées sur les messages de la page 136.**

8 **Avant de commencer à écrire, pose-toi les questions suivantes :**

– Quels temps vas-tu employer ?
– Vas-tu dire *tu* ou *vous* à ton destinataire ?
– Repère les chapitres du manuel qui peuvent t'aider à écrire ta carte ou ton message.

J'écris

J'écris au brouillon

9 **Écris ton brouillon sur une feuille assez grande : tu auras de la place pour faire les corrections avant de recopier sur la carte ou de taper ton message.**

Je relis mon brouillon

10 **Voici le texte d'une carte écrite par un élève de CE2, comme toi.**

Il y a des erreurs et des oublis. Trouves-en au moins trois.

Vérifie ensuite que tu n'as pas fait les mêmes erreurs dans ton brouillon.

> Ta Maman m'a dit que tu avais été opéré de l'appendicite.
>
> J'espère que tu n'as pas trop mal.
>
> Je ne sais pas si je pourrai aller te voir.
>
> Je vous dirai ce qu'on a fait en classe.
>
> Bises.

11 **Assure-toi que tu n'as rien oublié en comparant ton brouillon avec le schéma.**

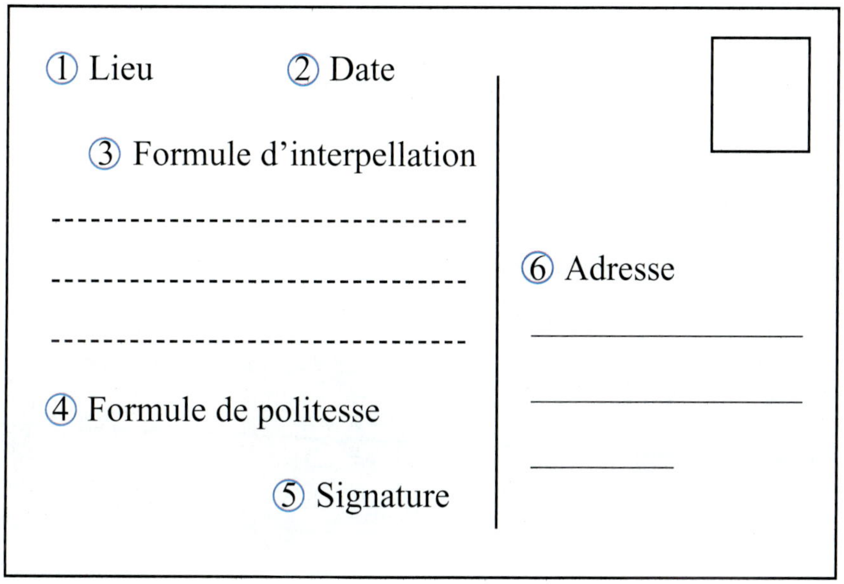

12 **Avant de recopier, tu dois pouvoir mettre oui en face des phrases suivantes.**

1. J'ai lu mon texte à haute voix pour vérifier que les phrases étaient bien construites.	oui	non
2. J'ai vérifié l'orthographe des verbes.	oui	non
3. J'ai vérifié l'orthographe des mots que je ne connais pas bien.	oui	non
4. J'ai vérifié les accords dans mes phrases.	oui	non

Je recopie

13 Trace écrite. **Il ne te reste plus qu'à recopier ta carte ou ton message, à faire l'envoi et à attendre une réponse...**

5 J'écris des consignes

Que vas-tu écrire ?

Tu vas t'entraîner à écrire des **consignes d'exercices ou de problèmes** pour mieux comprendre celles que tu lis en classe tous les jours.

J'observe

Les rois de France

Range ces rois Capétiens selon l'ordre croissant des dates de leur naissance.

Henri Ier
(1008-1060)

Charles IV
(1294-1328)

Louis X
(1289-1316)

Philippe V
(1294-1322)

Hugues Capet
(941-996)

Philippe Ier
(1052-1108)

1 **À ton avis, cet exercice vient-il d'un manuel :**

a. de français ?
b. d'histoire ?
c. de mathématiques ?
Explique ta réponse.

2 **Comment repères-tu les données et la consigne de l'exercice ?**

3 **Que veut dire le verbe ranger dans la consigne de l'exercice ? À quel temps est-il employé ? Ce verbe peut-il avoir un autre sens ?**

4 **Reformule oralement la consigne de l'exercice.**

5 **Fais l'exercice. Comment as-tu présenté ta réponse ? Compare avec ton voisin ou ta voisine.**

6 **À partir des mêmes données, invente, avec ton voisin ou ta voisine :**

– un autre exercice de mathématiques ;
– un exercice d'histoire.

Sais-tu que ... ?

... les ***consignes***, comme les recettes de cuisine (ou les modes d'emploi...), sont des textes qui **disent de faire quelque chose.**

Réfléchis

Connais-tu d'autres textes que l'on lit pour faire quelque chose ?

Je prépare mes outils

Je cherche les idées

7 **Retrouve la consigne d'exercice parmi les phrases suivantes. Explique ton choix.**

a. Brassez le mélange jusqu'à obtenir une pâte lisse et homogène.
b. Éteignez les lumières avant de quitter la salle, S.V.P.
c. Complète le schéma suivant.
d. En cas d'orage, éloignez-vous des arbres.

8 **Que peut-on décrire ? Cherche plusieurs réponses selon les matières.**

Je cherche les mots

9 **Dans un manuel ou dans un de tes cahiers, trouve une consigne avec un verbe à l'impératif. Essaie de la reformuler sous la forme d'une question.**

10 **Dans un manuel ou dans un de tes cahiers, trouve une consigne qui a la forme d'une question. Essaie de la reformuler en employant un verbe à l'impératif.**

11 **Dans les consignes de quelles matières trouve-t-on les verbes suivants ?**

effectuer – imaginer – tracer – classer – comparer

Le petit atelier

D'où vient-elle ?

Seul(e) avec toute la classe

Cherche une consigne dans un manuel de la classe.
Recopie-la, puis lis-la à haute voix.
Tes camarades doivent deviner la matière dont il s'agit.

12 **Écris trois verbes que l'on trouve souvent dans les consignes d'exercices :**

– en FRANÇAIS

– en MATHÉMATIQUES

13 **Parmi les verbes suivants, repère ceux qui peuvent être synonymes.**

expliquer – imaginer – repérer – justifier – inventer – retrouver

14 **Classe les verbes suivants en deux colonnes : ceux qui disent ce qu'il faut faire dans sa tête et ceux qui disent ce qu'il faut faire avec la main.**

Trouve au moins un autre verbe pour chaque colonne.

expliquer – colorier – souligner – encadrer – inventer – repérer – écrire – comparer – justifier – entourer – poser – observer

15 **Avec ton voisin ou ta voisine, choisis un des mots suivants. Cherchez tous les sens de ce mot. Indiquez ensuite dans quelles disciplines on le trouve et avec quel sens.**

opération – milieu – nombre – droite – sommet

16 **De quelles matières viennent ces consignes ? Retrouve le verbe qui manque dans chacune d'elles et écris-le.**

a. ... la limite de la neige et celle du glacier. Que constates-tu ?

b. ... des liquides solubles dans l'eau.

c. ... cette maquette en tenant compte des indications suivantes.

d. ... ces deux documents. Note les ressemblances et les différences.

e. ... les verbes suivants à la 2e personne de l'impératif. ... les terminaisons.

Que remarques-tu ? Avec ton (ta) voisin(e), écris la règle d'orthographe de ces terminaisons.

expliquer – relire – relever – écrire – comparer – finir

J'écris

Avant d'écrire les consignes

17 **Quels temps vas-tu employer ?
À quelles personnes ?
Sais-tu écrire ces formes verbales ?**

18 **Quels sont les chapitres du manuel qui peuvent t'aider à écrire des consignes ?**

J'écris les consignes

19 **Voici les données d'un exercice de français. Trouve la consigne, puis fais l'exercice.**

tomber dans les pommes •	• être généreux
être dans la lune •	• s'évanouir
avoir le cœur sur la main •	• ne pas faire attention

20 **Avec ton voisin ou ta voisine, invente un énoncé de problème correspondant à l'opération suivante. Proposez-le à la classe.**

$22 + 24 + 25 = 71$

21 **Lis attentivement cet énoncé de mathématiques. À quoi sert la première phrase ? Trouve la question du problème.**

La statue de la Liberté se dresse à l'entrée du port de New York. Elle mesure 46 mètres et repose sur un socle de 47 mètres.

22 **Réécris le texte en le complétant avec les verbes qui manquent. Compare tes choix avec ceux de ton voisin ou ta voisine.**

Faites ensuite l'expérience.
Prends un verre, retourne-le sur une bassine pleine d'eau en le tenant bien droit.
Enfonce-le dans l'eau un peu, puis beaucoup.
Que ...-tu ? ... un dessin pour ... tes observations.
Quelles hypothèses peux-tu faire pour ... tes observations ?

Je relis les consignes

23 **Voici une grille pour t'aider à améliorer tes consignes. Avant de recopier, tu dois pouvoir mettre oui en face de chaque phrase du tableau.**

1. J'ai lu à haute voix les questions pour vérifier qu'elles sont bien construites.	oui	non
2. J'ai vérifié les terminaisons des verbes à l'impératif.	oui	non
3. J'ai vérifié l'orthographe des mots quand je n'étais pas sûr.	oui	non
4. J'ai vérifié les accords.	oui	non

J'écris un compte rendu d'expérience

Que vas-tu écrire ?

Tu vas écrire le **compte rendu** d'une **expérience scientifique** pour **garder la trace** de cette expérience, et aussi pour pouvoir **écrire d'autres comptes rendus** pour d'autres expériences.

J'observe

1 Lis ce compte rendu d'expérience.

– Trouve-lui un titre.
– Explique avec tes mots à quoi correspond chaque paragraphe.
– À quel temps et à quelle personne est-il écrit ?

Matériel :
– carton 10 cm × 10 cm
– compas
– ciseaux
– feutre ou peinture de trois couleurs : bleu, vert et rouge
– petit crayon

Mise en place :
– Dans le morceau de carton, on trace un cercle de 10 cm de diamètre environ. On le découpe.
– On colorie le disque de carton ainsi obtenu, comme sur le dessin.
– On introduit le crayon au centre du disque de manière à faire une toupie.
– On fait tourner la « toupie » assez vite sur elle-même.

Observation : en tournant, le disque coloré devient blanc.

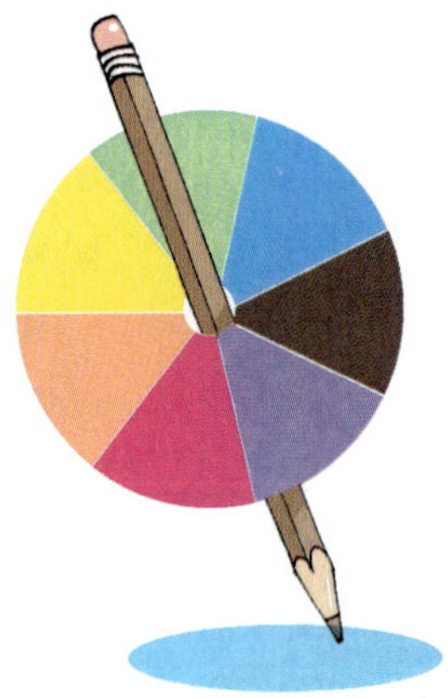

Explication : lorsque le disque tourne vite, les yeux ne peuvent plus suivre les 7 couleurs pour les distinguer : les lumières colorées se mélangent, ce qui donne du blanc. La lumière blanche (lumière du jour) résulte, en effet, du mélange de plusieurs couleurs. On voit ces couleurs lorsqu'on observe un arc-en-ciel.

Sais-tu que ... ?

…un ***compte rendu d'expérience*** doit décrire le plus fidèlement possible et le plus exactement possible ce qui est observé. Il est interdit d'inventer !

2 Avec ton voisin ou ta voisine, réalise cette expérience. Compare tes observations avec celles qui sont écrites.

Réfléchis

Dans quelles matières fait-on des expériences à l'école ?

Je prépare mes outils 

3 **Observe les différentes étapes de cette expérience.**

Avec ton voisin ou ta voisine, vous allez faire la même expérience, mais avec d'autres objets. Vous allez ensuite rédiger le compte rendu de ce que vous aurez observé.

Avant

Après

Je m'organise

4 **Quelle est la marche à suivre pour écrire un compte rendu d'expérience ?**
Remets les étapes dans l'ordre.

a. Chercher une explication à ce qu'on observe.
b. Rédiger le compte rendu.
c. Observer ce qui se passe.
d. Disposer le matériel.
e. Trouver un plan pour le compte rendu.
f. Vérifier l'orthographe des mots que l'on ne connaît pas.
g. Faire un (des) schéma(s) pour montrer ce qui se passe.
h. Choisir les objets.

Le petit atelier

Cherchez l'intrus

Par deux

Avec ton voisin ou ta voisine, repère les deux verbes qu'on ne pourrait pas trouver dans un compte rendu d'expérience.
Expliquez vos choix.
constater – découvrir – décrire – imaginer
observer – conclure – inventer – mesurer
peser

Je cherche les idées

5 **Remets ce compte rendu dans l'ordre. Trouve ensuite le titre de chaque paragraphe.**

a. La bouteille pleine coule. La bouteille vide flotte très bien.
La bouteille à moitié pleine flotte, mais moins bien.
b. On prépare une bassine et trois bouteilles identiques en plastique.
c. L'air contenu dans deux des bouteilles les aide à flotter.
d. On remplit complètement d'eau la première bouteille, on remplit à moitié la deuxième bouteille, on laisse la troisième vide.
e. On met les trois bouteilles dans la bassine.

Je cherche les phrases et les mots

6 **Quel temps faut-il employer dans un compte rendu d'expérience ?**
– Quelle personne ?
– Quels sont les tableaux de conjugaison qui peuvent t'aider ?

7 **Sais-tu écrire les noms des objets que tu vas observer ?**
Aide-toi d'un dictionnaire.

J'écris

J'écris au brouillon

8 **Écrivez d'abord le compte rendu au brouillon. Lisez-le à haute voix au reste de la classe. Comparez vos résultats.**

Je relis mon brouillon

9 **Ce compte rendu a plusieurs défauts. Repères-en au moins trois. Vérifie que ton compte rendu n'a pas les mêmes défauts.**

J'ai mis une balle de tennis dans un seau d'eau, elle flottait.
Je l'ai enfoncée, et c'était comme si la balle voulait remonter.
Quand je l'ai lâchée, elle est remontée à la surface.
J'ai fait la même expérience avec un ballon,
et il a fallu que je pousse beaucoup plus fort.

10 **Voici une grille pour vous aider à relire votre compte rendu d'expérience. Avant de recopier votre texte, vous devez pouvoir mettre oui devant toutes les phrases.**

La présentation et les idées		
1. Nous avons trouvé un titre.	oui	non
2. Nous avons fait des paragraphes.	oui	non
3. Nous avons mis des titres aux paragraphes.	oui	non
4. Nous avons fait un ou plusieurs schémas.	oui	non
La grammaire, le vocabulaire et l'orthographe		
5. Nous avons lu notre texte à haute voix pour vérifier que les phrases sont bien construites.	oui	non
6. Nous avons écrit notre texte au présent et à la 3e personne.	oui	non
5. Nous avons employé quelques-uns des mots suivants : *matériel expérience, observer, constater....*	oui	non
8. Nous avons vérifié la ponctuation.	oui	non
9. Nous avons vérifié l'orthographe des verbes.	oui	non
10. Nous avons vérifié l'orthographe des autres mots.	oui	non
11. Nous avons vérifié les accords du féminin et du pluriel.	oui	non

Je recopie mon brouillon

11 Trace écrite. **Recopiez chacun votre texte. N'oubliez pas le(s) schéma(s).**

Je décris un paysage

Que vas-tu écrire ?

Tu vas écrire **une légende** pour présenter **un paysage** que tu auras **choisi**.

J'observe

Didier Mendibil et Michel Solonel, *Atlas Junior*, Hachette Éducation, 2001.

1. **Le texte qui accompagne la photo est une légende. Explique le sens de ce mot ici.**

2. **Situe ce paysage sur un globe terrestre. Sur quel continent se trouve-t-il ?**

3. **Pourquoi ce paysage est-il intéressant ?**

4. **Avec ton voisin ou ta voisine, fais la liste de tous les renseignements contenus dans la légende, dans l'ordre où ils apparaissent.**

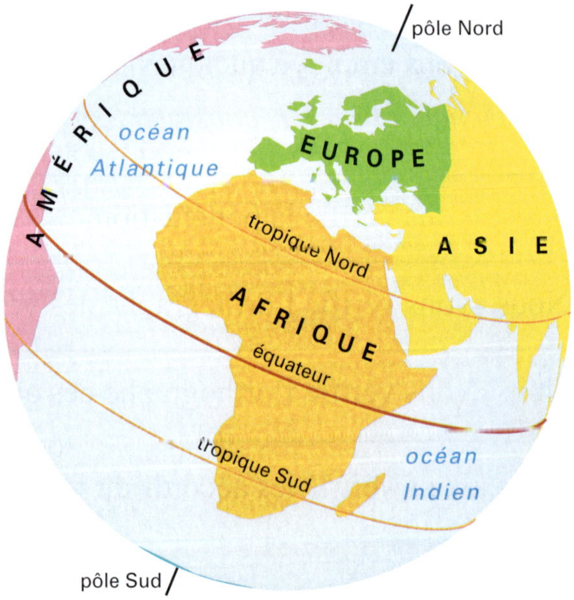

Sais-tu que ... ?

...***le paysage***, c'est l'espace que nous voyons autour de nous : des champs, des immeubles, une rue, une place, des collines, l'horizon de la mer...
On peut le dessiner, le peindre, le photographier.

Réfléchis

Explique avec tes mots ce qu'est un *paysage*.

Je prépare mes outils

Je m'organise

5 À ton avis, dans quel ordre faut-il faire les choses ?

a. Chercher des renseignements sur le paysage.
b. Le situer sur le globe terrestre.
c. Trouver un plan pour la légende.
d. Choisir un paysage.
e. Choisir les renseignements que tu vas garder.

Je cherche les idées

6 Où vas-tu trouver des photographies de paysages ?

Voici quelques idées. Tu peux en avoir d'autres.

– sur une carte postale ;
– dans un manuel de géographie ;
– dans un livre documentaire ;
– sur internet ;
– dans un catalogue d'agence de voyages.

7 Quel paysage vas-tu choisir ?

Voici quelques questions à te poser pour t'aider à faire ton choix :

un paysage de mer ou un paysage de montagne ?
– un paysage familier ou un paysage extraordinaire ?
– un paysage proche ou un paysage lointain ?
– un paysage très connu ou un paysage pas très connu ?

Le petit atelier

Un endroit que j'aime...

Seul(e), devant le grand groupe

Choisis dans ta tête un endroit de ton village ou de ta ville que tu aimes bien.
Décris-le à tes camarades qui doivent deviner de quel endroit il s'agit.

8 **Voici ce qu'on peut trouver dans une légende. Repère ce qui est le plus important en fonction du paysage que tu as choisi.**

- l'impression que l'on a en regardant le paysage ;
- le pays ou la région où il est situé ;
- le relief ;
- la végétation et les cultures ;
- les habitations ;
- les couleurs ;
- les détails intéressants du paysage.

9 **Comment vas-tu organiser ta légende ? Par quoi vas-tu commencer ? Par quoi vas-tu finir ?**

Je cherche les phrases et les mots

10 **Classe les noms suivants en deux colonnes : ceux qui vont servir à parler d'un paysage de montagne, et ceux qui vont servir à parler d'un paysage de mer. Tu peux t'aider d'un dictionnaire.**

sommet – plage – crête – lagon – côte – rocher
vallée – plateau – chaîne – altitude – falaise – col
sable port – ravin – plaine – colline – massif – baie
piton – golfe

11 **Voici des adjectifs qui peuvent qualifier un paysage.**
Classe-les en deux colonnes : ceux qui décrivent, et ceux qui expriment quelque chose que l'on pense ou quelque chose que l'on ressent.

urbain – exceptionnel – désertique – tropical
inoubliable – harmonieux – paisible – vallonné
plat – monotone

12 **Range les noms suivants en commençant par ce qui est le plus petit et en terminant par ce qui est le plus grand.**

une agglomération – un hameau – une ville
une métropole – un village – une capitale

13 **Cherche le contraire des adjectifs en gras. Aide-toi d'un dictionnaire.**

a. un climat **sec**
b. une végétation **luxuriante**
c. des habitations **traditionnelles**

J'écris

J'écris au brouillon

14 **Écris ta légende au brouillon.**

- Lis ton texte à tes camarades sans leur dire de quel paysage il s'agit.
- Demande-leur de deviner le paysage que tu as choisi.
- Demande-leur ensuite ce que tu dois faire pour améliorer ton texte.

Je relis mon brouillon

15 **Cette légende est mal organisée. Pourquoi ? Que proposerais-tu pour améliorer son plan ?**

Vérifie que tu n'as pas fait la même erreur dans ton texte.

Les montagnes tombent directement dans la mer. La capitale du Brésil, Rio de Janeiro, est située au bord d'une des plus étonnantes baies du monde. Les plages sont immenses et bordées de luxueux gratte-ciel. Le site est vraiment exceptionnel.
Cette baie est parsemée d'îles en formes de « pains de sucre ».

16 **Voici une grille pour t'aider à améliorer ta légende. Avant de recopier, tu dois pouvoir mettre oui en face de chaque phrase.**

LES IDÉES		
1. J'ai situé le paysage dans le monde.	oui	non
2. J'ai parlé de l'impression générale que donne le paysage.	oui	non
3. J'ai signalé les éléments importants et intéressants du paysage : le relief, la végétation, les cultures, les habitations...	oui	non
LE VOCABULAIRE ET L'ORTHOGRAPHE		
4. J'ai utilisé des mots précis.	oui	non
5. J'ai utilisé des adjectifs qualificatifs.	oui	non
6. J'ai vérifié l'orthographe des verbes.	oui	non
7. J'ai vérifié l'orthographe des autres mots.	oui	non
8. J'ai vérifié les accords dans mes phrases.	oui	non

Je recopie

17 Trace écrite. **Recopie ton texte. Cherche des idées pour l'illustrer.**

8 Je présente un personnage historique

Que vas-tu écrire ?

En une dizaine de lignes environ, tu vas écrire le **portrait d'un personnage historique**, pour le présenter à la classe.

J'observe

Christophe Colomb (v.1450-1506)

Navigateur italien au service de l'Espagne. La Reine d'Espagne finance son expédition vers les Indes par l'ouest. Il part en août 1492 avec trois navires. En octobre 1492, il parvient aux îles Bahamas. Puis il aborde à Cuba et Haïti. Il revient en Espagne, persuadé qu'il a atteint les Indes. Deux autres expéditions (1493-1496 et 1498) lui font découvrir la Guadeloupe et la Jamaïque. Il longe la côte vénézuélienne. **Colomb** est nommé vice-roi des terres qu'il a découvertes. Mais il est destitué pour sa mauvaise administration et meurt en disgrâce.

Dictionnaire encyclopédique Junior, Hachette.

1 **Pourquoi Christophe Colomb est-il un personnage historique ?**

2 **Est-ce que le texte raconte toute la vie de Christophe Colomb ? Explique ta réponse.**

3 **Comment Christophe Colomb est-il désigné dans ce texte ?**
Explique avec tes mots ce que tu as retenu de Christophe Colomb.

Propose un titre pour ce texte.

4 **À quel temps le texte est-il écrit ?**
Pourrais-tu utiliser un autre temps ?

Sais-tu que ... ?

…Un ***personnage historique*** est un homme – ou une femme ! – qui a fait des choses importantes dans la vie d'un pays ou de l'humanité tout entière.

Réfléchis

Quand tu fais le portrait d'un personnage historique, as-tu le droit d'inventer ? Explique ta réponse.

Je prépare mes outils 

Je m'organise

5 **À ton avis, dans quel ordre faut-il faire les choses ?**

a. Chercher des images pour illustrer le texte.
b. Chercher un plan.
c. Choisir un personnage historique.
d. Rassembler des documents sur le personnage choisi.
e. Choisir les informations les plus importantes dans les documents.

Je cherche les idées

6 **Quel personnage vas-tu choisir ?**

Voici quelques idées pour t'aider.
Tu peux, bien sûr, en avoir une autre.

– un personnage dont vous avez parlé en classe ;
– un personnage qui t'intéresse ;
– un personnage qui a vécu dans ta ville ;
– le personnage qui a donné son nom à ton école.

7 **Fais, par écrit, la liste de tout ce qui te paraît important pour présenter un personnage historique. Compare ce que tu as trouvé avec la liste ci-dessous.**

a. le pays où il a vécu ;
b. la date de sa naissance et la date de sa mort ;
c. son portrait physique ;
d. ses qualités et ses défauts ;
e. ce qu'il a fait d'important, pourquoi il est resté célèbre ;
f. les dates importantes de sa vie.

Le petit atelier

Chassez les intrus

Par deux

Il y a 2 intrus dans cette liste de personnages historiques.
Repérez-les. Expliquez vos choix.
Vous pouvez vous aider d'un dictionnaire de noms propres.

Charlemagne – Astérix – Louis XIV – Buffalo Bill – John Kennedy – Roald Dahl – Henri IV

8 **Où vas-tu chercher des documents ? Voici deux pistes. Continue la liste.**

Dans des manuels d'Histoire, sur des sites Internet....

9 **Comment vas-tu organiser ton texte ?**

– Par quoi vas-tu commencer ?
– Sur quoi vas-tu insister ?
– Par quoi vas-tu finir ?

Je cherche les phrases et les mots

10 **Comment vas-tu désigner ton personnage ?**

Dans quel chapitre du manuel peux-tu trouver de l'aide pour répondre à cette question ?

11 **Quel temps vas-tu employer pour écrire ton texte ?**

Dans quel chapitre du manuel peux-tu trouver de l'aide pour répondre à cette question ?

J'écris

J'écris au brouillon

12 **Écris un brouillon et lis-le à tes camarades sans indiquer le nom du personnage.**

Fais-leur deviner ce nom.

Demande-leur ensuite quels sont, à leur avis, les défauts et les qualités de ton texte.

Je relis mon brouillon

13 **Ce texte a des défauts. Repère-les.**

Vérifie ensuite que tu n'as pas fait les mêmes erreurs dans ton texte.

Vercingétorix

Il est mort à Rome, en 46 avant J.-C., après être resté six ans en prison. Il a tenu tête à César, un puissant général romain qui voulait envahir toute la Gaule. On le présente toujours comme un héros, un homme très courageux. Né vers 72 avant J.-C., c'était le fils d'un chef gaulois de la tribu des Arvernes.

14 **Voici une grille pour t'aider à améliorer ton brouillon.**
Avant de recopier, tu dois pouvoir mettre oui devant chaque phrase.

LES IDÉES		
1. J'ai trouvé un titre.	oui	non
2. J'ai suivi le plan que j'avais décidé de suivre.	oui	non
3. J'ai mis tout ce qui me paraissait important.	oui	non
4. Je n'ai pas recopié des phrases ou des textes déjà écrits par quelqu'un d'autre : j'ai écrit avec mes mots.	oui	non
LA GRAMMAIRE, LA CONJUGAISON, L'ORTHOGRAPHE ET LE VOCABULAIRE		
5. J'ai relu mon texte à voix haute pour vérifier que les phrases étaient bien construites.	oui	non
6. J'ai supprimé les répétitions.	oui	non
7. J'ai vérifié l'orthographe des verbes.	oui	non
8. J'ai vérifié l'orthographe des autres mots.	oui	non
9. J'ai vérifié les accords au féminin et au pluriel.	oui	non

Je recopie mon brouillon

15 **Recopie ton texte.**
Cherche ensuite des idées pour l'illustrer.

J'écris un dialogue de théâtre

J'observe

Que vas-tu écrire ?

Tu vas écrire un **dialogue de théâtre, pour le jouer** devant la classe ou devant d'autres spectateurs.

Monsieur Otis est un riche américain. Il a acheté un château hanté avec une tache de sang qui réapparaît sans cesse sur le sol. Mais Monsieur Otis ne croit pas du tout aux fantômes...

LE FANTÔME, *fâché.*

Ce Washington commence à m'énerver sérieusement avec son Kinettoie ! Chaque jour, il s'obstine à enlever cette tache. Et moi, chaque soir, je dois la remettre. Ah, ces Américains, avec leur manie de la propreté ! Ils n'ont vraiment aucun savoir-vivre, aucun respect des traditions... Ils n'imaginent pas combien il est difficile de se procurer du sang ! J'en suis réduit à utiliser des crayons de couleur de la petite Virginia ! Quelle décadence ! *(À genoux, il redessine la tache sur le sol.)* Je commence sérieusement à regretter les Canterville. Ils savaient vivre, eux, et mourir de peur.

Il se redresse brusquement en entendant des bruits dans les coulisses et reprend des pauses de fantôme. Entre M. Otis, un flacon à la main.

M. OTIS

Ah, monsieur Fantôme, je me doutais que c'était vous. *(Tendant la main pour le saluer.)* Enchanté. *(Voyant que le fantôme ne réagit pas, il rabaisse sa main.)* Oh, excuse me, j'oubliais que vous êtes un esprit. Tout est OK, vous êtes ici chez vous, but just petit problème. Vos chaînes font beaucoup de bruit. Ça disturb un petit peu. Alors je vous ai apporté de l'houile. Very good. Très efficace. *(Il pose le flacon sur la table basse et fait mine de s'en aller. Puis, revenant sur ses pas.)* Oh, si vous encore besoin, je suis OK pour vous en donner d'autres. Bonne promenade !

Il quitte la scène, laissant le fantôme pantois. Celui-ci, poussant alors un cri de rage, se précipite sur le flacon et le jette par terre. Il trépigne et se tord les mains.

LE FANTÔME, *en imitant M. Otis.*

« Je vous ai apporté de l'houile, very good. OK ? » Je déteste ces Américains ! Jamais de toute ma carrière de fantôme, je n'ai subi une telle humiliation. De l'huile pour mes chaînes, on aura tout vu !

Anne-Catherine Vivet-Rémy, *Le fantôme de Canterville*, in *Don Quichotte et autres personnages au théâtre*, Retz, 2000.

1 **À quoi vois-tu qu'il s'agit d'un texte de théâtre ? Est-il amusant ?**

2 **Combien faut-il d'acteurs pour jouer ce texte ? Prépare-toi à jouer ce texte avec un camarade.**

Pour cela :
- choisissez chacun un personnage ;
- faites la liste de ce dont vous avez besoin : costumes, accessoires... ;
- réfléchissez à la manière dont vous allez vous placer sur la scène, aux gestes, aux mimiques... ;
- cherchez la meilleure intonation pour chaque réplique : étonnement, colère...

Sais-tu que ... ?

...les hommes font du ***théâtre*** depuis très longtemps. Les Romains, par exemple, ont construit de grands théâtres, en Italie, en Gaule et dans tout leur empire.

Réfléchis

Explique avec tes mots ce qu'est une pièce de théâtre.

Je prépare mes outils 

Je m'organise

3 **Dans quel ordre faut-il faire les choses pour écrire un petit texte de théâtre avec un(e) camarade ?**

a. Écrire les répliques en mettant correctement la ponctuation.
b. Choisir des personnages.
c. Trouver une situation amusante.
d. Se préparer à jouer en répétant plusieurs fois.

Je cherche les idées

4 **Avec ton camarade, choisissez ensemble des personnages et une situation.**

Voici quelques idées pour vous aider.
Vous pouvez, bien sûr, en avoir une autre.

– un commerçant et un client qui veut une remise sur le prix d'un produit ;
– deux automobilistes qui veulent la même place de parking ;
– un enfant qui ne veut pas aller se coucher ;
– un enfant qui veut avoir un animal à la maison, un parent qui ne veut pas ;
– un enfant qui raconte des mensonges à un autre enfant ;
– un voyageur qui s'est trompé de bus ou de train et qui cherche de l'aide ;
– un extraterrestre à l'école.

Le petit atelier

Vrai ou faux ?

Par deux

a. Pour jouer une pièce de théâtre, les comédiens apprennent le texte par cœur.
b. Une pièce de théâtre se joue sur une scène.
c. Ce sont toujours les acteurs qui écrivent le texte de la pièce.
d. Un dialogue de théâtre est fait de répliques.
e. À la fin de la pièce, les spectateurs applaudissent pour montrer qu'ils sont contents.

Raconte…

Seul(e), devant le grand groupe

Es-tu déjà allé(e) au théâtre ?

As-tu déjà vu une pièce de théâtre à la télévision ?

Raconte ce que tu as vu et ce que tu as ressenti : la salle, les acteurs, les costumes, les décors…

5 **Que va-t-il se passer ? Avec ton camarade, imaginez un scénario possible pour chaque situation en répondant aux questions suivantes.**

– Comment le dialogue va-t-il commencer ?
– S'il y a une discussion, quels vont être les arguments de chaque personnage ?
– Est-ce que les personnages vont se dire des choses drôles, avec des jeux de mots, par exemple ?
– Est-ce qu'il va y avoir d'autres personnages ?
– Est-ce qu'il va y avoir un événement inattendu ?
– Comment la scène va-t-elle se terminer ?

6 **Essayez d'imaginer et de jouer la situation avant de l'écrire.**

7 **Cherchez un titre drôle pour votre texte.**

Je prépare les phrases et les mots

8 **Avant de commencer à écrire, posez-vous les questions suivantes :**

– Quels types de phrases allez-vous employer ?
– Quels temps de la conjugaison ?
– Dans quels chapitres du livre pouvez-vous trouver de l'aide ?

J'écris

J'écris mon texte au brouillon

9 **Avec ton (ta) camarade, raconte aux autres élèves la situation que vous avez choisie et le scénario que vous avez imaginé.**

Tout le monde peut discuter et donner des idées pour améliorer les textes.

10 **Ce dialogue a été écrit par des élèves de ton âge. Qu'en penses-tu ? Comment pourrais-tu l'améliorer et l'enrichir ?**

Bizarre !

1er élève : Hum ! 6 + 15 , ça fait combien ?
2e élève : Je... ça fait 36888.
1er élève : Tu es sûr ???
2e élève : Mais oui ! Pour qui tu me prends ?

11 **Voici une grille pour vous aider à améliorer votre scène.**
Avant de la recopier, vous devez pouvoir mettre oui en face de chaque phrase.

Les idées		
1. Nous avons trouvé un titre.	oui	non
2. Il y a des personnages qui ne sont pas d'accord, qui discutent...	oui	non
3. À chaque réplique, on sait quel personnage parle.	oui	non
4. Les personnages se disent des choses drôles.	oui	non
5. Nous avons trouvé une fin.	oui	non
La grammaire, la conjugaison et l'orthographe		
6. Nous avons lu notre texte à haute voix pour vérifier que les phrases sont bien construites.	oui	non
7. Nous avons vérifié la ponctuation, et surtout les **?** et les **!**	oui	non
8. Nous avons vérifié l'orthographe des verbes.	oui	non
9. Nous avons vérifié l'orthographe des autres mots.	oui	non
10. Nous avons vérifié les accords au féminin et au pluriel.	oui	non

Je recopie mon brouillon

12 **Trace écrite. Recopiez votre dialogue. Illustrez-le.**

J'écris un conte

Que vas-tu écrire ?

Tu vas écrire un **conte du *Pourquoi***, comme celui que tu vas lire ici.

J'observe

1 Voici le titre d'un conte venu de la Guadeloupe :

Pourquoi les crabes n'ont pas de tête

Avec ton voisin, essaie d'imaginer l'histoire qui correspond à ce titre. Comparez avec ce que vos camarades ont trouvé.

2 Voici maintenant le texte du conte. Lis-le attentivement.

Autrefois, le crabe avait une tête, un tronc et des pattes. L'escargot n'avait pas de coquille, la langouste n'avait pas de carapace, et l'oursin non plus. L'escargot, la langouste et l'oursin étaient les meilleurs amis du crabe ; ce dernier était bon cuisinier et les invitait souvent à manger.
Un jour, tout ce beau monde voulut aller au mariage de la petite cousine de la langouste ; cette petite cousine s'appelait écrevisse et tenait beaucoup à ce que son mariage fût une belle fête.
(...) Mais le jour du grand événement, aucun n'avait de toilette décente pour assister à la noce.
Finalement, l'escargot, la langouste et l'oursin vinrent trouver le crabe, le priant de leur passer quelques morceaux de carapace pour faire leur costume. Notre crabe, qui avait le cœur sur la main, ne put rester sourd à leur demande et il donna à chacun d'eux un morceau de carapace tiré de sa tête. L'escargot en profita pour faire une maison qui devint sa coquille, la langouste en fit une armure hérissée de pics pour se protéger d'autrui ; l'oursin en fit une demi-sphère couverte d'épines longues et acérées pour sa sécurité.
Quant au crabe, il fut contraint de mettre ses yeux sur son tronc, sa bouche aussi.
Depuis ce jour, les crabes n'ont pas de tête.

Jean Juraver, « Pourquoi les crabes n'ont pas de tête », *Contes créoles*, Présence Africaine, 1983.

3 Raconte l'histoire avec tes mots.

4 Le crabe a beaucoup de qualités. Lesquelles ? Quelle est sa qualité la plus importante ici ? Pourquoi ?

5 Lis la première phrase à haute voix. Essaie de la formuler autrement. Fais la même chose pour la dernière phrase.

Sais-tu que ... ?

... un ***conte du Pourquoi*** est une histoire **imaginaire** qui explique l'origine de quelque chose dans la nature : pourquoi le hibou vit la nuit, pourquoi il y a des volcans, pourquoi la mer est salée...

Réfléchis

Peux-tu utiliser ce que tu lis dans un conte du ***Pourquoi*** pour faire un exposé scientifique sur un animal ?

Je prépare mes outils 

Je m'organise

6 À ton avis, dans quel ordre faut-il faire les choses pour écrire ton conte ?

a. Chercher d'autres contes du ***Pourquoi*** et les lire pour avoir davantage d'idées.
b. Chercher chacun le sujet de son histoire.
c. Illustrer les contes.
d. Chercher ce que l'on va raconter dans le conte.
e. Écrire le conte au brouillon.

Je cherche les idées

7 Cherche le sujet de ton histoire.

Voici quelques idées pour t'aider dans ta recherche :
– un animal qui a quelque chose de particulier, d'original, d'étonnant... ;
– quelque chose qu'on voit dans le ciel ;
– quelque chose qu'on voit dans la mer ;
– un phénomène rare dans la nature.

8 Écris le titre de ton conte en commençant par Pourquoi...

9 Cherche maintenant comment tu vas répondre à la question posée par le titre. Voici des idées pour t'aider :

– il y a un problème à résoudre ;
– il s'agit d'un pari, d'un concours, d'un défi... ;
– quelqu'un est puni ;
– quelqu'un n'est pas content de son sort : il veut être plus beau, plus fort, plus malin...

Tu peux aussi t'inspirer des histoires que tu as lues ou que tu as entendues.

10 Imagine le scénario de ton conte, en te posant les questions suivantes :

– Où l'histoire se passe-t-elle ?
– Quand l'histoire se passe-t-elle ?
– Comment l'histoire commence-t-elle ?
– Quels sont les personnages qui interviennent ? Que font-ils ?
– Comment l'histoire se termine-t-elle ?

Le petit atelier

Concours d'idées

Par deux

Cherchez au moins une idée pour expliquer pourquoi la girafe a un long cou.

Proposez-la (les) à l'ensemble de la classe qui votera pour « élire » l'idée la plus originale.

Je cherche les phrases et les mots

11 **Écris la première phrase de ton conte. Cherche des idées dans les contes que tu as lus.**

12 **Écris la dernière phrase de ton conte. Cherche des idées dans les contes que tu as lus.**

13 **Avant de commencer à écrire, pose-toi les questions suivantes :**

- à quels temps peut-on écrire un conte ?
- comment vas-tu désigner les personnages ?

Retrouve le chapitre du livre qui peut t'aider à répondre à ces deux questions.

J'écris

J'écris au brouillon

14 **Écris ton brouillon sur une grande feuille pour pouvoir faire des corrections.**

Je relis mon brouillon

15 **Comment vas-tu pouvoir améliorer ton brouillon ?**

Choisis parmi les solutions suivantes :

– je le relis à voix basse ;
– je le fais lire à un camarade pour lui demander son avis ;
– je le lis à toute la classe pour lui demander son avis ;
– je dis mon titre à haute voix et les autres élèves cherchent des idées pour la suite de mon histoire.

16 **Un élève de CE2, comme toi, a écrit ce texte. Qu'en penses-tu ? Cherche-lui deux qualités. Repère l'erreur de temps. Trouve ce qu'il a oublié.**

Il y a très, très longtemps, les girafes avaient un petit cou. Un jour, l'une d'elles fit un pari avec les animaux de la savane. Elle a parié qu'elle était capable de monter jusqu'au ciel. Alors, elle tira, tira, tira sur son cou... Mais elle n'arriva pas jusqu'au ciel. C'est depuis ce jour que les girafes ont un long cou.

17 **Voici une grille pour t'aider à améliorer ton texte. Avant de recopier, tu dois pouvoir mettre oui devant toutes les phrases.**

Les idées		
1. J'ai trouvé un titre qui commence par *Pourquoi…*	oui	non
2. La première phrase commence par une expression comme : *À cette époque…, Autrefois…*	oui	non
3. La dernière phrase commence par une expression comme : *C'est depuis ce jour que …*	oui	non
4. L'histoire répond de façon imaginaire à la question posée par le titre.	oui	non
La grammaire, la conjugaison, l'orthographe…		
5. J'ai lu le texte à haute voix pour vérifier que les phrases sont bien construites.	oui	non
6. J'ai supprimé les répétitions.	oui	non
7. J'ai vérifié la ponctuation et les majuscules.	oui	non
8. J'ai vérifié l'orthographe des verbes.	oui	non
9. J'ai vérifié l'orthographe des autres mots.	oui	non
10. J'ai vérifié les accords au féminin et au pluriel.	oui	non

18 Trace écrite. **Recopie proprement ton texte sur une feuille. Que vas-tu dessiner pour l'illustrer ?**

– le début et la fin ?
– un moment important ?

19 **Prépare la lecture à haute voix de ton texte pour tes camarades.**

Table des documents

Page 8 Dolomède © G. Pottier/Colibri, Épeire diadème © D. Bernardin/Colibri, Mygale © Luquet/Jacana, Dame blanche de Namibie © Devez/Jacana, Érèse cinabre, P. Lorne/Jacana, Épeire fasciée, © Lambaux/Jacana **Page 9** Hirondelle de cheminée, © D. Magnin/Colibri **Page 10** *La Joconde* (v. 1503-1506), peinture de Léonard de Vinci (1452-1519), bois 0,77x0,53 m, © Artéphot/J.-C. Varga, **Page 13** *Psychose 2*, © Prod **Page 14** Globules rouges et blancs (taille réelle : 1/1000000e de mm) © Cosmos **Page 15** L'astronaute Edwin E. Aldrin marchant sur la Lune, le 21 juillet 1969 (20 juillet aux USA), photo prise par Neil Armstrong © Nasa/Photothèque Hachette Livre, Hôtesse © Air France **Page 16** Touristes devant la tour Eiffel à Paris (324 m de haut, 1665 marches) © Gallia/Jerrican, *Titeuf* par Zep © 1997-Éditions Glénat, *Mains en l'air !* © Prod **Page 17** Football : finale du championnat d'Europe des Nations 2000, 2 juillet 2000 (victoire de la France 2-1 sur l'Italie), but de David Trézéguet à la 103e minute © Presse Sports, *La liberté guidant le peuple,* Eugène Delacroix (28 juillet 1830) © Photothèque Hachette Livre **Page 18** Reconstitution de l'homme de Tautavel © Musée de Tautavel, Reconstitution (dermoplastie) d'une femme magdalénienne, grotte du Mas d'Azil © Philippe Plailly / Atelier Daynes / Eurelios **Page 20** Castor qui bâtit sa hutte, © Engels/Jacana, Dentiste © Hanoteau/Jerrican, Enfants, © Verpoorten/Photononstop **Page 21** *E.T.* © Prod **Page 22** Facteur © Le Fauconnier/Jerrican **Page 23** Une femme âgée © Photononstop **Page 24** Chouette en vol © Axel/Jacana, *Le Petit Chaperon rouge* (d'Adam Brooks, 1986, Amelia Shankley) © Collection Christophe L **Page 27** Pirate © Prod **Page 28** Vélociraptor (Jurassic Park 3) © Prod, Marché au dromadaires (Le Caire) © Ricard/Colibri **Page 29** Henri Testelin (1616-1695) *Portrait de Louis XIV roi de France* (détail), enfant en costume de sacre, 1648, musée du château de Versailles © Josse **Page 34** © Boule et Bill ® International sa - 2002 d'après Roba, Border Collie © Ziegler/Colibri, Boxer et enfant © Ziegler/Colibri **Page 35** Cacao © Bréal/Colibri **Page 36** Chouette à tête de femme (sculpture, 1953), Pablo Picasso (1881-1973), musée Picasso, Paris, photo B. Hatala/RMN © Succession Picasso 2002, Malika Secouss par Tehem © 2000 - Éditions Glénat **Page 37** © Alain Béguerie **Page 39** Hanuman © Prod **Page 40** Deux femmes courant sur la plage (1922), Pablo Picasso (1881-1973), musée Picasso, Paris, © Succession Picasso 2002, Homme poussant une voiture © Gable/Jerrican, Abeille (CD Corel) © Photothèque Hachette Livre, Fourmi noire des bois © Tauran/Colibri **Page 41** Femme magdalénienne (détail) © Philippe Plailly / Atelier Daynes / Eurelios **Page 42** La Terre vue par le satellite Météosat (nuit sur la droite) © SPL/Cosmos **Page 44** Groupe au basket © Laguet/Jerrican, Montgolfières © Demange/Gamma **Page 45** Tortue luth © Leguen/Colibri **Page 46** *Titeuf* par Zep © 1997-Éditions Glénat **Page 47** Lionnes et buffle © Gentil/Colibri **Page 48** Des enfants à vélo sur VTT © Chauvet/Jerrican, *Le Petit Poucet,* Olivier Dahan © Prod, La Guerre du feu © Prod, Clifton, *Ce Cher Wilkinson,* © De Groot & Turk-Le Lombard (Dargaud-Lombard sa) 2002 **Page 50** L'omnibus à chevaux " Madeleine-Bastille ", Paris, place de la Madeleine © Harlingue/Viollet, Salle de classe d'une école primaire en 1910 © Branger/Viollet **Page 52** Laurent Romejko (France 2), Ariane 5 au décollage 30 octobre1997 (Kourou, Guyane) © Aventurier/Gamma **Page 53** Caïman rouge © Janini/Colibri, *Le Cinquième Élément* © Prod **Page 62** *La Belle Lisse Poire du Prince de Motordu,* Pef, © Gallimard, Couleuvre de Montpellier © Baranger/Colibri **Page 66** Plongeurs de la Quebrada d'Acapulco (Mexique) © Delacroix/Gamma **Page 67** Carte adressée par le peintre Gaston Chaissac (1910-1964) à Pablo Picasso (1881-1973), le 2 novembre 1944, Archives Picasso, musée Picasso © ADAGP Paris 2002, Zèbre et Papillon (CD Corel) © Photothèque Hachette Livre **Page 71** Port d'Antibes © Zintmeyer/Jerrican, Porc © Herbert/Jacana **Page 73** Sumos © Cole Vandystadt **Page 74** Requin-baleine © Banfi/Jacana, Igloo *(Atanarjuat)* © Prod **Page 75** 6 saucissons secs © Darque/Jerrican **Page 76** Ciel de jour © Darque/Jerrican, Ciel de nuit © Brunier/Ciel et Espace **Page 77** Homme sur une étendue de tapis (région de Marrakech, Maroc) © Yann Arthus-Bertrand/Altitude, Port d'Antibes © Zintmeyer/Jerrican, Femme africaine portant des calebasses © Tainturier/Jerrican **Page 78** Chamelier en Égypte (CD Corel), © Photothèque Hachette Livre, Escargot des bois © Prévot/Colibri **Page 79** Le plus grand vélo du monde (Noyal-sur-Vilaine) © Saulnier/Imapress **Page 82** Fruits © Darqué/Jerrican, Cornichons © Limier/Jerrican, Athlètes essouflées © Vandystadt/Vandystadt, Terre vue par satellite © Ciel & Espace/NASA/GSFC **Page 83** *Catalogue des objets introuvables,* Jacques Carelman, © le cherche midi éditeur, Axolotl © Sunset **Page 89** Kangourou © Vanneyre/Colibri **Page 90** Dionée © Lefèvre/Colibri **Page 97** Château de Bonaguil © Photothèque Hachette Livre **Page 98** Baleine franche © Loubsens/Colibri **Page 108** Jean-François de Troy (1679-1752), *Le Déjeuner d'huîtres,* musée Condé (Chantilly) © Artephot **Page 110** Système solaire © Jean-Luc Maniouloux **Page 111** Éhouppeur © Chefson/Colibri **Page 112** Coccinelle et pucerons © Labat/Colibri **Page 114** Louve romaine, musée du Capitole, Rome © G. Dagli Orti, casque conique © Hamon/RMN, casque IVe - IIIe siècles avant notre ère © Schormans/RMN **Page 115** Denier en argent représentant Charlemagne, vers 800, Bibliothèque nationale, Paris © Josse **Page 116** Le marronnier à un an (30 cm), Le marronnier à onze ans (3 m), Le marronnier à 80 ans (30 m) © Jack Guichard **Page 117** Tubes à essai © Alain Béguerie, Renard roux © Lefèvre/Colibri **Page 118** Restauration © Dolémieux /Métis /Editing Server, Rainette de White © Lepore/PHR/Jacana, La prise de la Bastille, le 14 juillet 1789, vue par le peintre Houel, musée Carnavalet, Paris © Josse **Page 119** Marmotte des Alpes © Abadie/Colibri, Aquarium © Cavignaux/Colibri **Page 124** Affiches © Alain Béguerie **Page 130** Ours de cocotiers en cage, zoo de Malacca (Malaisie) © G. Arnaud/Bios, Séance du parlement des enfants, Assemblée nationale © Hires/Gamma **Page 132** Présentation du " Millenium Ancestor ", le 2 juin 2001, Dominique Gommery (à droite avec des lunettes) © Deville/Gamma **Page 134** Boulanger © Berenguier/Jerrican, © Rat/Gamma **Page 140** Rois de France © Jean-Louis Besson **Page 148** Mont Everest (Népal) © Yann Arthus-Bertrand /Altitude **Page 150** Paysage de montagne (Etats-Unis), Paysage de mer (France) CD Corel © Photothèque Hachette Livre **Page 151** Baie de Rio (CD Corel) © Photothèque Hachette Livre **Page 154** *Vercingétorix se rendant à César,* Henri Motte (1846-1922), musée des Beaux-Arts, Le Puy © Josse **Page 160** Crabe (CD Corel) © Photothèque Hachette Livre **Page 162** Girafe (CD Corel) © Photothèque Hachette Livre

Boîte à outils

J'écris « a » ou j'écris « à »?

J'écris « est » ou j'écris « et »?

Les principaux déterminants

Les principaux sons et leurs graphies les plus fréquentes

J'écris « on » ou j'écris « ont »?

Les terminaisons des verbes selon les personnes

Tableaux de conjugaison

Les homonymes grammaticaux

J'écris « a » ou j'écris « à » ?

Astuce

Pour savoir s'il s'agit de ***a***, essaie de le remplacer par *avait*, et dis la phrase à haute voix.

Sais-tu que ?

à est un petit mot invariable qu'on appelle une préposition (comme *de, pour, dans*...). Les prépositions servent à introduire les compléments.

On écrit ***a*** quand il s'agit du verbe **avoir** (seul au *présent*, ou dans le *passé composé* d'un verbe).

Ex. : Le gardien de but a des gants très épais.
Il a eu très chaud.
L'arbitre a sifflé une pénalité.
La neige a fondu en une nuit.

On écrit ***à*** :

- après un verbe, pour introduire un nom qui dépend de ce verbe ;

Ex. : Je n'ai pas pensé à lui téléphoner.
Soudain, la pluie s'est mise à tomber.
Elle participe à toutes les compétitions.
Nous n'avons pas réussi à nous **entendre**.
Savez-vous à qui appartient ce stylo ?
Ils n'ont pas commencé à construire le pont.
Il faut envoyer cette lettre à nos correspondants.

- pour introduire des compléments de lieu ;

Ex. : Nous allons à la piscine tous les jeudis.
Aimerais-tu vivre à la campagne ?
Le TGV s'arrête à Marseille.
La route continue jusqu'à la plage.

- pour introduire un complément de temps ;

Ex. : Le matin, l'école commence à 8 heures 30.
Nous compterons les points à la fin de la partie.
Il faut le garder au frais jusqu'à demain.

- pour introduire d'autres compléments circonstanciels ;

Ex. : Le boulanger travaille la pâte à la main.

- après certains adjectifs ;

Ex. : Ce mot est facile à écrire.

- à l'intérieur d'un nom composé.

Ex. : un moulin à café, le patin à glace
une baleine à bosse, une planche à voile

J'écris « est » ? ou j'écris « et » ?

Astuce

• Pour savoir s'il s'agit de ***est***, essaie de mettre la phrase au pluriel et dis la phrase à haute voix : tu entendras « sont ».
Tu peux aussi essayer de mettre la phrase à la première personne, en commençant par *je*.
Tu entendras « suis ».

• Pour savoir s'il s'agit de ***et***, essaie de mettre *et aussi* ou *et puis*, et dis la phrase à haute voix.

Sais-tu que ?

Et est un petit mot invariable qu'on appelle une conjonction de coordination (comme *mais, ou, donc, car*...).

On écrit ***est*** quand il s'agit du verbe *être* (seul au *présent* ou dans un *passé composé*).
Ex. : Le panda est un animal protégé.
Isabelle est dans la cour.
Le match est fini.
Elle est partie faire le tour du monde.

On écrit ***et*** pour ajouter quelque chose. Le mot *et* relie 2 noms, 2 adjectifs, 2 verbes, 2 morceaux d'une phrase... En fait, il remplace une virgule.
Ex. : Dans la classe, il y a 12 filles et 12 garçons.
Paris, Lyon et Marseille sont les trois plus grandes villes de France.
Mon petit frère a les cheveux bruns et frisés.
Repère les verbes et écris-les.
Il est tombé et il a eu beaucoup de mal à se relever.

J'écris « on » ou j'écris « ont » ?

Astuce

• Pour savoir si tu dois écrire ***on***, essaie de le remplacer par *nous*, *quelqu'un*, *les gens*..., et dis la phrase à haute voix.

• Pour savoir s'il faut écrire ***ont***, essaie de le remplacer par le verbe *avoir* à l'imparfait (*avaient*), et dis la phrase à haute voix. Tu peux essayer aussi de mettre la phrase au singulier, et tu entendras « a ».

Sais-tu que ?

On n'est pas un pronom personnel, mais un pronom indéfini (comme *quelqu'un*, *personne*...).
On vient du mot latin *homo*, qui veut dire « être humain ».

On est toujours un pronom sujet. On le trouve devant un verbe à la 3e personne du singulier.

Ex. : On y va !
On a découvert ici, récemment, un os de dinosaure.
Quand la nuit est claire, on peut observer les étoiles.
On cherche un médicament pour soigner cette maladie.
Il y a très longtemps, on pensait que la Terre était plate.

On écrit ***ont*** quand il s'agit de la 3e personne du verbe *avoir* (seul au présent ou dans un passé composé).

Ex. : Les arcs-en-ciel ont sept couleurs.
Attention aux crocodiles ! Ils ont d'énormes dents très coupantes.
Les cigognes ont fait leur nid sur la cheminée de la maison.
Ils ont réussi toutes leurs expériences.

J'écris « son » ? ou j'écris « sont » ?

Astuce

• Pour savoir s'il faut écrire ***son***, essaie de mettre le pluriel, et dis la phrase à haute voix.
Tu entendras « ses » ou « leurs ».
Tu peux aussi essayer de mettre la phrase à la 1re personne : tu entendras « mon » ou « ma ».

• Pour savoir s'il faut écrire ***sont***, essaie de mettre l'imparfait du verbe *être* (*étaient*), et dis la phrase à haute voix.

On écrit ***sont*** quand il s'agit du verbe *être* à la 3e personne du pluriel (seul au présent ou dans un passé composé).

Ex. : Nadia et Sophie sont absentes.
La Garonne, la Loire, le Rhin, le Rhône et la Seine sont les principaux fleuves de France.
Les premiers navigateurs sont partis sans savoir ce qu'ils allaient trouver.

Sais-tu que ?

Son peut aussi être un nom masculin singulier :
– un son, c'est un bruit.
– le son désigne aussi les enveloppes des graines des céréales quand elles sont moulues.

Son est un petit mot qui accompagne un nom (c'est un déterminant).
Attention ! Il n'est pas toujours juste devant le nom qu'il accompagne.

Ex. : Son avion était en retard.
Hervé accompagne son petit frère à l'école.
On reconnaît la chouette à son cri très particulier.

Tableau des principaux déterminants

ARTICLES INDÉFINIS	un – une – des	un arbre une maison des cailloux des voitures
ARTICLES DÉFINIS	le – la – l' – les	le pain la ville l'escalier l'île les voitures les magasins
DÉTERMINANTS POSSESSIFS	mon – ma – mes	mon livre mon assiette ma cousine mes cheveux mes photos
	ton – ta – tes	ton âge ton idée ta casquette tes crayons tes chaussures
	son – sa – ses	son train son école sa gomme ses disques ses chaussettes
	notre – nos	notre ordinateur notre école nos voisins nos voisines
	votre – vos	votre voyage votre adresse vos dessins vos chaises
	leur – leurs	leur nom leur classe leurs cahiers leurs feuilles
DÉTERMINANTS DÉMONSTRATIFS	ce – cet – cette – ces	ce carrefour cet immeuble cette fleur ces pays ces routes

Les principaux sons et leurs graphies les plus fréquentes

Les voyelles

On entend	On écrit	Exemples
[a] pap**a**	**a**	**a**rbre, c**a**fé, r**a**t
[i] am**i**	**i**, le plus souvent **y**, quelquefois	l**i**t, plu**i**e, tap**i**s, pr**i**x, r**i**z, p**i**sc**i**ne, n**i**d p**y**jama, c**y**gne
[o][ɔ] s**o**l b**eau** **au**to	**o**, le plus souvent **eau** **au**	**o**reille, b**o**l, zér**o** **eau**, chap**eau**, cad**eau**, bat**eau**, gât**eau** journ**au**x, chev**au**x
[y] **tu**	**u**	l**u**, v**u**e, r**u**e
[u] f**ou**	**ou**	**ou**blier, r**ou**e, t**ou**t, t**ou**x, r**ou**ler
[ɛ] b**e**lle	**e**, le plus souvent **è** **ai** **ei**	v**e**ste, d**e**scendre, t**e**xte r**è**gle, p**è**re m**ai**s, p**ai**x n**ei**ge, bal**ei**ne
[e] **été**	**é**	**é**paule, **é**l**é**gant, libert**é**, chant**é**
[ə] ch**e**val	**e**	f**e**nêtre, prom**e**nade
[œ] [ø] p**eu**	**eu**	f**eu**, li**eu**, l**eu**r, p**eu**r, h**eu**re
[ɑ̃] **en**f**an**t	**an** **en** **em**, devant ***b, m, p*** **am**, devant ***b, p***	éléph**an**t, r**an**g, gr**an**d, d**an**s **en**tier, serp**en**t, **en**lever, l**en**tem**en**t, v**en**t **em**baller, **em**porter, **em**mener, t**em**ps j**am**be, r**am**pe
[ɔ̃] chans**on**	**on**, le plus souvent **om**	**on**, bl**on**d n**om**, **om**bre
[ɛ̃] (sud de la France :[œ̃]) p**ain** br**un**	**in** **im** **ain** **un**	f**in** **im**possible m**ain** **un**, l**un**di
[j] pare**il**	**ill** **il** **i** **y**	pa**ill**e sole**il** p**i**ed pa**y**er

Les consonnes

On entend	On écrit	Exemples
[b]	**b**	**b**on**b**on
[p]	**p,** le plus souvent **pp**	**p**ara**p**luie, a**p**ercevoir a**pp**rendre
[d]	**d**	**d**ix, **d**onner, splen**did**e
[t]	**t,** le plus souvent **tt**	**t**able, por**t**e a**tt**endre
[g]	**g**, devant ***a, o, u*** **gu**, devant ***e*** et ***i***	**g**ai**, g**orille**, g**oûter **gu**i, mu**gu**et
[k]	**c**, devant ***a, o, u*** **qu**	**c**arte, **c**ol, **c**uisine **qu**i, **qu**e, **qu**and, tran**qu**ille
[f]	**f,** le plus souvent **ff**	**f**ois, **f**aim, en**f**in a**ff**reux, o**ff**rir
[v]	**v**	**v**enir
[l]	**l**, le plus souvent **ll**	**l**oin, a**l**ors, appe**l** (tu) appe**ll**es, a**ll**er
[r]	**r,** le plus souvent **rr**	**r**i**r**e a**rr**iver
[m]	**m,** le plus souvent **mm**	**m**atinée, ai**m**er e**mm**ener
[n]	**n,** le plus souvent **nn**	**n**ez, pa**n**ier a**nn**iversaire
[ɲ]	**gn**	monta**gn**e
[ʒ]	**j** **g**, devant ***e*** et ***i*** **ge**, devant ***a*** et ***o***	**j**ardin, **j**eter, a**j**outer **g**irafe**, g**eler pi**ge**on, chan**ge**ant
[ʃ]	**ch**	**ch**ampignon, arra**ch**er
[z]	**s,** entre deux voyelles **z**	ro**s**e, ri**s**ible **z**èbre, bi**z**arre, dou**z**e
[s]	**s** **ss** **ç** **t,** devant ***ion***	**s**apin, dan**s**er, **s**iffler a**ss**ez, a**ss**is, discu**ss**ion le**ç**on, gar**ç**on addi**t**ion, dispari**t**ion

INFINITIF	INDICATIF					
	Présent (page 42)		Passé composé (page 46)		Imparfait (page 50)	
être	je	suis	j'	ai été	j'	étais
	tu	es	tu	as été	tu	étais
	il (elle)	est	il (elle)	a été	il (elle)	était
	nous	sommes	nous	avons été	nous	étions
	vous	êtes	vous	avez été	vous	étiez
	ils (elles)	sont	ils (elles)	ont été	ils (elles)	étaient
avoir	j'	ai	j'	ai eu	j'	avais
	tu	as	tu	as eu	tu	avais
	il (elle)	a	il (elle)	a eu	il (elle)	avait
	nous	avons	nous	avons eu	nous	avions
	vous	avez	vous	avez eu	vous	aviez
	ils (elles)	ont	ils (elles)	ont eu	ils (elles)	avaient
parler	je	parle	j'	ai parlé	je	parlais
	tu	parles	tu	as parlé	tu	parlais
	il (elle)	parle	il (elle)	a parlé	il (elle)	parlait
	nous	parlons	nous	avons parlé	nous	parlions
	vous	parlez	vous	avez parlé	vous	parliez
	ils (elles)	parlent	ils (elles)	ont parlé	ils (elles)	parlaient
finir	je	finis	j'	ai fini	je	finissais
	tu	finis	tu	as fini	tu	finissais
	il (elle)	finit	il (elle)	a fini	il (elle)	finissait
	nous	finissons	nous	avons fini	nous	finissions
	vous	finissez	vous	avez fini	vous	finissiez
	ils (elles)	finissent	ils (elles)	ont fini	ils (elles)	finissaient
aller	je	vais	je	suis allé(e)	j'	allais
	tu	vas	tu	es allé(e)	tu	allais
	il (elle)	va	il (elle)	est allé(e)	il (elle)	allait
	nous	allons	nous	sommes allé(e)s	nous	allions
	vous	allez	vous	êtes allé(e)s	vous	alliez
	ils (elles)	vont	ils (elles)	sont allé(e)s	ils (elles)	allaient
venir	je	viens	je	suis venu(e)	je	venais
	tu	viens	tu	es venu(e)	tu	venais
	il (elle)	vient	il (elle)	est venu(e)	il (elle)	venait
	nous	venons	nous	sommes venu(e)s	nous	venions
	vous	venez	vous	êtes venu(e)s	vous	veniez
	ils (elles)	viennent	ils (elles)	sont venu(e)s	ils (elles)	venaient

parler, finir, aller, venir

				IMPÉRATIF (page 54)	PARTICIPE passé
Passé simple		**Futur** (page 52)			
je	fus	je	serai		
tu	fus	tu	seras	sois	
il (elle)	fut	il (elle)	sera		été
nous	fûmes	nous	serons	soyons	
vous	fûtes	vous	serez	soyez	
ils (elles)	furent	ils (elles)	seront		
j'	eus	j'	aurai		
tu	eus	tu	auras	aie	
il (elle)	eut	il (elle)	aura		eu
nous	eûmes	nous	aurons	ayons	
vous	eûtes	vous	aurez	ayez	
ils (elles)	eurent	ils (elles)	auront		
je	parlai	je	parlerai		
tu	parlas	tu	parleras	parle	
il (elle)	parla	il (elle)	parlera		parlé
nous	parlâmes	nous	parlerons	parlions	
vous	parlâtes	vous	parlerez	parliez	
ils (elles)	parlèrent	ils (elles)	parleront		
je	finis	je	finirai		
tu	finis	tu	finiras	finis	
il (elle)	finit	il (elle)	finira		fini
nous	finîmes	nous	finirons	finissons	
vous	finîtes	vous	finirez	finissez	
ils (elles)	finirent	ils (elles)	finiront		
j'	allai	j'	irai		
tu	allas	tu	iras	va	
il (elle)	alla	il (elle)	ira		allé
nous	allâmes	nous	irons	allons	
vous	allâtes	vous	irez	allez	
ils (elles)	allèrent	ils (elles)	iront		
je	vins	je	viendrai		
tu	vins	tu	viendras	viens	
il (elle)	vint	il (elle)	viendra		venu
nous	vînmes	nous	viendrons	venons	
vous	vîntes	vous	viendrez	venez	
ils (elles)	vinrent	ils (elles)	viendront		

Tableaux de conjugaison : dire, faire,

INFINITIF	INDICATIF					
	Présent (page 42)		Passé composé (page 46)		Imparfait (page 50)	
dire	je	dis	j'	ai dit	je	disais
	tu	dis	tu	as dit	tu	disais
	il (elle)	dit	il (elle)	a dit	il (elle)	disait
	nous	disons	nous	avons dit	nous	disions
	vous	dites	vous	avez dit	vous	disiez
	ils (elles)	disent	ils (elles)	ont dit	ils (elles)	disaient
faire	je	fais	j'	ai fait	je	faisais
	tu	fais	tu	as fait	tu	faisais
	il (elle)	fait	il (elle)	a fait	il (elle)	faisait
	nous	faisons	nous	avons fait	nous	faisions
	vous	faites	vous	avez fait	vous	faisiez
	ils (elles)	font	ils (elles)	ont fait	ils (elles)	faisaient
voir	je	vois	j'	ai vu	je	voyais
	tu	vois	tu	as vu	tu	voyais
	il (elle)	voit	il (elle)	a vu	il (elle)	voyait
	nous	voyons	nous	avons vu	nous	voyions
	vous	voyez	vous	avez vu	vous	voyiez
	ils (elles)	voient	ils (elles)	ont vu	ils (elles)	voyaient
pouvoir	je	peux	j'	ai pu	je	pouvais
	tu	peux	tu	as pu	tu	pouvais
	il (elle)	peut	il (elle)	a pu	il (elle)	pouvait
	nous	pouvons	nous	avons pu	nous	pouvions
	vous	pouvez	vous	avez pu	vous	pouviez
	ils (elles)	peuvent	ils (elles)	ont pu	ils (elles)	pouvaient
prendre	je	prends	j'	ai pris	je	prenais
	tu	prends	tu	as pris	tu	prenais
	il (elle)	prend	il (elle)	a pris	il (elle)	prenait
	nous	prenons	nous	avons pris	nous	prenions
	vous	prenez	vous	avez pris	vous	preniez
	ils (elles)	prennent	ils (elles)	ont pris	ils (elles)	prenaient
mettre	je	mets	j'	ai mis	je	mettais
	tu	mets	tu	as mis	tu	mettais
	il (elle)	met	il (elle)	a mis	il (elle)	mettait
	nous	mettons	nous	avons mis	nous	mettions
	vous	mettez	vous	avez mis	vous	mettiez
	ils (elles)	mettent	ils (elles)	ont mis	ils (elles)	mettaient

voir, pouvoir, prendre, mettre

Passé simple		**Futur** (page 52)		**IMPÉRATIF** (page 54)	**PARTICIPE Passé**
je	dis	je	dirai		
tu	dis	tu	diras	dis	
il (elle)	dit	il (elle)	dira		dit
nous	dîmes	nous	dirons	disons	
vous	dîtes	vous	direz	dites	
ils (elles)	dirent	ils (elles)	diront		
je	fis	je	ferai		
tu	fis	tu	feras	fais	
il (elle)	fit	il (elle)	fera		fait
nous	fîmes	nous	ferons	faisons	
vous	fîtes	vous	ferez	faites	
ils (elles)	firent	ils (elles)	feront		
je	vis	je	verrai		
tu	vis	tu	verras	vois	
il (elle)	vit	il (elle)	verra		vu
nous	vîmes	nous	verrons	voyons	
vous	vîtes	vous	verrez	voyez	
ils (elles)	virent	ils (elles)	verront		
je	pus	je	pourrai		
tu	pus	tu	pourras	*L'impératif*	
il (elle)	put	il (elle)	pourra	*de ce verbe*	pu
nous	pûmes	nous	pourrons	*n'est*	
vous	pûtes	vous	pourrez	*pas employé*	
ils (elles)	purent	ils (elles)	pourront		
je	pris	je	prendrai		
tu	pris	tu	prendras	prends	
il (elle)	prit	il (elle)	prendra		pris
nous	prîmes	nous	prendrons	prenons	
vous	prîtes	vous	prendrez	prenez	
ils (elles)	prirent	ils (elles)	prendront		
je	mis	je	mettrai		
tu	mis	tu	mettras	mets	
il (elle)	mit	il (elle)	mettra		mis
nous	mîmes	nous	mettrons	mettons	
vous	mîtes	vous	mettrez	mettez	
ils (elles)	mirent	ils (elles)	mettront		

Tableau des terminaisons des verbes selon les personnes

Personnes	Terminaisons	Temps	Exemples
JE	e	présent	je danse – je rêve
	s	présent	je suis – je grandis – je pars – je sais – je dis
			je prends – je peins – je vais
		imparfait	j'étais – j'avais – je chantais – je finissais
			je sortais – je savais – je faisais – j'allais
	x	présent	je veux – je peux
	i (ai)	présent	j'ai
		futur	je chanterai – je finirai
			je dormirai – je viendrai – je saurai – je peindrai – j'irai
TU	s	présent	tu es – tu as
			tu travailles – tu réfléchis
			tu dis – tu dois – tu vas
		imparfait	tu étais – tu avais
			tu regardais – tu finissais
			tu venais – tu disais – tu répondais
		futur	tu auras – tu seras
			tu creuseras – tu grandiras – tu reviendras – tu feras
IL, ELLE	e	présent	il cherche – elle calcule
	t	présent	elle réussit – il sort – elle sait – il dit
			elle peint – il veut – elle peut
	d	présent	il rend – elle prend
	a	présent	il a – elle va
		futur	il sera – elle aura – elle appellera – il bondira
			elle sortira – il ira
NOUS	ons	présent	nous avons – nous comptons
			nous réfléchissons – nous lisons – nous disons
		imparfait	nous avions – nous étions
			nous avancions – nous réussissions – nous prenions – nous faisions
		futur	nous aurons – nous serons – nous monterons – nous finirons – nous courrons
VOUS	ez	présent	vous avez – vous parlez – vous réussissez
			vous partez – vous savez – vous prenez
		imparfait	vous aviez – vous étiez – vous marchiez
			vous finissiez – vous faisiez – vous disiez
		futur	vous aurez – vous serez – vous dessinerez
			vous écrirez – vous irez – vous pourrez
ILS, ELLES	nt	présent	ils ont – elles sont – ils mangent
			elles finissent – ils courent – elles savent
		imparfait	elles avaient – ils étaient – elles réussissaient
			ils faisaient – elles voulaient
		futur	elles auront – ils seront – elles finiront – ils pourront

Imprimé en Italie par Officine Grafiche De Agostini
Dépôt légal : 27267 - 02/2003 - collection n°88 - Edition 01 - 11/6384/9